AF320860

Morale
en Maximes

PAR

H. LAPLAIGNE

MEMBRE DE LA SOCIÉTÉ DE SOCIOLOGIE DE PARIS

I. — Chacun se développe en son milieu selon qu'il est organisé.

II. — Chaque individu constitue un tout dans un tout — qui se meut, sent, pense, évolue... IMPERSONNELLEMENT : ses actes sont déterminés par les circonstances et le milieu en vue de son plus grand bien à satisfaire ou à conquérir. — L'Humanité inconsciente marche à la conquête du Bien par le mal. — L'Humanité consciente ira à la conquête du Bien par le mieux.

H. L.

PARIS

V. GIARD & E. BRIÈRE

LIBRAIRES-ÉDITEURS

16, rue Soufflot, 16

—

1903

BIBLIOTHÈQUE SOCIOLOGIQUE INTERNATIONALE

Publiée sous la direction de M. RENÉ WORMS

Secrétaire-Général de l'Institut International de Sociologie

Cette collection se compose de volumes in-8°, reliure souple (1)

ONT PARU :

PARAITRONT SUCCESSIVEMENT

(1) Les volumes de la collection pourront aussi être achetés brochés avec une diminution de 2 francs.

La Morale

en Maximes

La Morale en Maximes

PAR

H. LAPLAIGNE

MEMBRE DE LA SOCIÉTÉ DE SOCIOLOGIE DE PARIS

I. — Chacun se développe en son milieu selon qu'il est organisé.

II. — Chaque individu constitue un tout dans un tout — qui se meut, sent, pense, évolue... IMPERSONNELLEMENT : ses actes sont déterminés par les circonstances et le milieu en vue de son plus grand bien à satisfaire ou à conquérir. — L'Humanité inconsciente marche à la conquête du Bien par le mal. — L'Humanité consciente ira à la conquête du Bien par le mieux.

H. L.

PARIS

V. GIARD & E. BRIÈRE

LIBRAIRES-ÉDITEURS

16, rue Soufflot, 16

—

1903

LA
MORALE EN MAXIMES

Mon esprit tourné au paradoxe m'aura peut-être bien fait émettre de ci de là quelques pensées que j'aurais de la peine à justifier dans leur intégrité. Mais à ne dire que des choses justes pour tout le monde, je n'eusse certainement fait qu'un livre fort ennuyeux et sans utilité. Et puis que dire d'un livre où l'on ne trouverait rien à reprendre ? — Je n'ai pourtant pas laissé de rechercher en tout la vérité ; mais il faut souvent à la vérité pour se faire jour des hardiesses qui tiennent en échec l'esprit de mensonge et d'imposture.

H. L.

I

L'esprit paradoxal est plus propre à lancer des idées qu'à les faire valoir. L'art d'exposer, d'ordonner n'est point son fait ; mais il sème comme il produit, et laisse au temps de distraire de l'ivraie le bon grain.

*
* *

L'esprit philosophique se nourrit parfois de chimères, d'un bond franchit les hauts sommets, sonde l'horizon, prépare l'avenir. D'un œil dédaigneux, il considère la foule qui grouille à ses pieds, et trop souvent oublie que cette foule qui se meut, s'agite inconsciente et gronde, c'est d'elle qu'il sort, c'est de son labeur qu'il vit.

.·.

L'esprit humanitaire a son siège dans le cœur. « *Rien d'humain ne lui est étranger* ». Sans cesse sur la brèche il combat l'injustice, lutte contre le mal présent qui renaît de partout ; et découragé succomberait à la tâche, s'il n'avait la certitude que nulle semence de bien n'est perdue pour l'avenir.

.·.

L'esprit critique est à l'esprit imaginatif ce qu'une terre maigre est à une plaine fertile. Comme à la terre maigre, il lui faut une excellente culture. Peu riche de son propre fonds, il doit sans cesse s'alimenter au champ du voisin. — Suffisamment meublé, l'esprit critique donne des fruits sains ou corrompus, selon que bien ou mal il s'assimile l'esprit des autres — quand ils en ont. — L'esprit critique le plus rare est celui qui s'exerce sur lui-même.

.·.

L'esprit scientifique est le plus pur esprit. Ce ne sont pas les poètes, les élus de Dieu, mais les savants. Les premiers vaticinent dans l'exaltation et le rêve ; les seconds œuvrent dans le calme et la réalité. — Mais tenons-nous en garde contre l'esprit scientifique des demi-savants qui n'ont le plus souvent ni science ni esprit.

*\
* *

Les esprits *originaux* ont une façon à eux de voir les choses, et ils produisent tout naturellement de l'originalité, à plus ou moins forte dose, assaisonnée de plus ou moins de bon sens, suivant l'abondance ou la qualité de la source — en dehors de quoi ils sont incapables de produire rien qui vaille. Ils intéressent : on les prend rarement au sérieux.

*\
* *

Les esprits « *distingués* » passent leur vie à chercher la source de l'originalité, sans la trouver jamais, parce que le fonds n'est pas en eux. Mais ils sont passables en tout — et fort goûtés.

*\
* *

Les esprits supérieurs passent — de leurs contemporains toujours mal jugés : on les estime trop ou trop peu. L'envie ou la passion les abaisse de tout ce que la flatterie ou l'admiration les élève. — Nous estimons le génie des grands morts selon le bien ou le mal qu'ils ont fait à la cause que nous servons.

*\
* *

Les esprits moyens vivent sur l'acquis et s'en contentent.

*\
* *

De l'esprit, ceux qui n'en ont pas s'en croient, et ça leur suffit.

*\
* *

La croyance en son esprit est la chose du monde la mieux partagée.

*\
* *

Le faiseur de maximes est un petit esprit — qui voit clair.

*\
* *

Les bonnes maximes sont de l'esprit tout fait pour ceux qui en manquent.

*\
* *

Le penseur vaut par la qualité de ses pensées, et presque toujours trouve le style qui le mieux s'y accommode, ou bien plutôt il le porte en lui. — On n'est point à la fois grand penseur et mauvais écrivain.

*\
* *

Les mauvais écrivains sont des pseudo-penseurs qui s'imaginent qu'ils ont des idées : ils en donnent quelquefois l'illusion par leur obscurité.

*\
* *

On peut être un très bon écrivain avec les

idées des autres. — Certains même le sont
sans idées.

*
* *

Il n'y a pas de fléau pire qu'un bon écrivain qui pense faux.

*
* *

Bien parler sa langue est un don qui s'acquiert. Le mal de penser faux est incurable.

*
* *

On peut avoir du génie sur un point, et
n'être pour tout le reste qu'un esprit fort
médiocre — comme on peut être d'un très
vaste esprit et n'avoir du génie pour rien.

*
* *

On a l'esprit subtil comme on a deux bons
yeux — ou une belle voix.

*
* *

Il est bien peu de pensées qui soient justes
en tout. — Deux pensées peuvent se contrarier sans cesser d'être vraies — d'une vérité
relative.

*
* *

Si une fois était admis le principe de l'*impersonnalité* de la pensée, s'il était admis que
l'esprit individuel ne peut, en dehors des
sciences exactes, certainement juger de rien,
on se défierait davantage de son propre jugement ; on serait moins prompt à trancher de

tout. N'abordant plus les questions qu'avec le désir de s'éclairer et d'apporter, selon ses lumières. son tribut à la vérité, les hommes finiraient par s'entendre.

*
* *

Quand une pensée, si paradoxale soit-elle, réunit les suffrages d'un certain nombre d'esprits d'élite, n'appartenant à aucune coterie, aucun clan, ou venus de coteries, de clans divers, on peut être assuré qu'elle est la vérité d'aujourd'hui ou de demain.

*
* *

On ne peut juger des choses que par l'esprit qu'on a : les petits esprits ne peuvent juger des grandes choses ; leur raison pourtant leur paraît toujours la meilleure.

*
* *

Chacun s'imagine être en possession de toute la raison : l'homme qui nous entend entend la raison — point l'autre.

*
* *

Ce n'est rien que d'avoir pour soi la logique et la raison, si l'on a contre — la contingence des idées et des faits.

*
* *

Nous disons volontiers des gens qui ne pensent pas comme nous qu'ils n'ont pas de jugement. Bien plus souvent nous ne devrions que dire qu'ils n'ont pas notre jugement.

*
* *

« Tout le monde se plaint de sa mémoire, et personne de son jugement. » — Il en est du jugement plus encore que de l'esprit : on n'en a jamais assez pour s'apercevoir qu'on en manque.

*
* *

Qui a pu dire qu'il n'y a rien de mieux par_tagé que le sens commun ? — Il est si peu commun que chacun a le sien : moins on en a, plus on s'en croit, moins on en trouve aux autres.

*
* *

La plupart des hommes prennent pour critère du bon sens leur propre bon sens. Et quand eux-mêmes ils n'en ont point, comment en trouveraient-ils aux autres, que ceux-ci en aient ou n'en aient pas !

*
* *

On forme l'esprit, le jugement de ceux qui n'en ont point, en leur inculquant des formules toutes faites — qui les forment ou les déforment.

*
* *

« Le véritable mérite est modeste. » — C'est que, du mérite, ceux-là seuls qui en ont savent tout le peu de mérite qu'ils ont à en avoir.

*
* *

La simplicité et la modestie dans le succès vous épargnent de ces émotions souvent mortelles.

*
* *

La satisfaction de savoir que votre nom est dans toutes les bouches, que votre renommée s'étend aux limites du monde est pleinement puérile. — La joie de l'œuvre bien faite suffit à l'artiste. Mais aussi quel artiste, quel écrivain, penseur ou poète, n'a connu les angoisses du doute !

*
* *

L'écrivain, le penseur ne souhaitent pour leur nom la gloire, que pour le plus d'autorité qu'elle donne à leur parole, à leurs écrits.

*
* *

Le dénigrement des envieux pourrait bien n'être que le juste châtiment des hommes trop gonflés d'eux-mêmes.

*
* *

Que font au héros qui modestement triomphe les glapissements des jaloux !

*
* *

Fussiez-vous dieu parmi les hommes que vous n'eussiez rien fait pour l'être !

*
* *

Après avoir méconnu les vivants glorieux, nous pensons nous racheter en en faisant des morts illustres ; et s'il arrive qu'ils aient été persécutés, les noms de martyr, de saint, de héros, de dieu ne sont pas trop pour eux.

*
* *

L'art du statuaire se conservera dans l'avenir moins pour perpétuer la gloire des grands morts qui n'en ont pas besoin, que pour exalter chez les vivants, dans une noble attitude, un beau geste, le culte de la beauté morale.

*
* *

Dans les honneurs que l'on rend aux morts illustres, il y a plus qu'un acte de reconnaissance — c'est une satisfaction que les vivants se donnent. Il faut surtout y chercher un stimulant à se faire leurs imitateurs.

*
* *

Il est certain qu'on se sent meilleur au retour d'une de ces commémorations où l'on s'est un instant pénétré de l'âme des grands morts. — Incessamment les morts sont la leçon des vivants. — Le culte des morts est essentiellement utilitaire. C'est pourquoi il aura toujours sa place marquée dans la morale laïque.

*
* *

On a beau savoir que l'on ne sera plus là

pour en jouir, on ne laisse pas d'être flatté dans son amour-propre à la pensée qu'une statue, voire même un simple buste vous consacrera grand homme aux yeux de la postérité.

*
* *

Au risque d'émettre un paradoxe d'ailleurs bien innocent, — s'il n'y avait de décorés que les gens qui le méritent bien, la décoration du coup perdrait la moitié de son crédit, vu le petit nombre de personnes intéressées à la maintenir et à la défendre.

*
* *

Lorsque, par modestie, les hommes de beaucoup de mérite — ou par orgueil : pour n'être pas confondus avec les gens de peu de mérite — auront renoncé aux distinctions dites honorifiques, quand la décoration ne sera plus qu'une marque de bonne obéissance à ses chefs, ou de servilité au pouvoir..., je crois bien que c'est ainsi qu'elle sombrera. — Et comme cela toujours le bien naît du mal.

*
* *

Quand une institution a porté tous les fruits qu'on en pouvait utilement attendre, comme toute plante elle dégénère — pour disparaître au moment précis où son rôle utilitaire aura cessé. Ce moment, il dépend de l'usage ou de l'abus qu'on en fait de le retarder ou de le précipiter.

***

En attendant qu'échoient à l'homme de plus hautes satisfactions, les satisfactions de l'amour-propre sont de celles qui le relèvent le plus.

***

On ne voit souvent que le mal de certaines institutions. — Dès que l'on considère le mal de leur absence, on se résigne à les subir.

***

Ce qu'on appelle une bonne éducation est chose estimable et précieuse ; mais j'ai bien observé qu'il y a plus de ceux qui la prônent que de ceux qui l'ont.

***

Rien n'est moins rare que d'entendre deux personnes, dont chacune se croit bien élevée, dire l'une de l'autre que l'autre ne l'est pas.

***

Un homme nous apparaît tout de suite mal élevé, dès qu'il dit ou fait des choses qui nous déplaisent.

***

Plutôt qu'à certaines gens ne dire que des choses qui leur plaisent, souvent on préfère à leurs yeux passer pour mal élevé.

***

Une chose est ou n'est pas de notre goût : il n'en faut pas toujours conclure qu'elle est bonne ou mauvaise. Ce n'est souvent qu'un avertissement de nous défier de notre goût.

*
* *

On est aisément porté à reconnaître chez les autres les défauts qu'on porte en soi — sans les connaître.

*
* *

On sent le ridicule de ses petites faiblesses, quand on les reconnaît chez les autres : on leur devient plus indulgent.

*
* *

Chacun pense si naturellement les choses comme il les sent, que bien peu sont capables de l'effort nécessaire pour penser selon le cœur, l'esprit des autres.

*
* *

On a franchi son premier pas hors de l'animalité, quand on est arrivé à comprendre chez les autres ce qu'on ne sent pas en soi.

*
* *

C'est le défaut des esprits qui comprennent très bien de ne pas comprendre qu'on ne comprenne pas. — Pourtant il y a des choses qui échappent aux plus grands esprits même, et ils ne s'en doutent toujours pas.

*
* *

L'homme le mieux doué, il peut y avoir
telle chose qu'il ne voit pas et qu'un cerveau
moins puissant voit. — Dans ce qu'on affirme
on est toujours plus fort que dans ce qu'on
nie.

*
* *

L'homme entré jeune dans les lettres ou
dans la politique, alors qu'il porte encore le
poids des idées héréditaires ou acquises, ne
laisse pas de traîner après soi un bagage embarrassant pour son évolution. — La crainte
de se faire mal juger, de perdre des amitiés
précieuses en retient beaucoup qui ne deman-
deraient qu'à marcher. — Le fait de rester
irrévocablement fixé à ses idées premières, est
peut-être la marque d'un haut caractère, mais
sûrement d'un petit esprit.

*
* *

Quand tout marche dans le monde, un
esprit qui s'immobilise est un pauvre esprit.

*
* *

Dans l'état d'anarchie intellectuelle et morale, qui est le nôtre, sous prétexte que tout
peut se défendre, pour gagner son pain ou
conquérir la vogue, on écrit n'importe quoi.
Et pour peu que cela s'accompagne d'un bon
style, on est toujours goûté de ceux dont on
flatte la vanité ou défend les intérêts.

*
* *

Lorsqu'on voit tout le crédit dont jouissent certaines idées fausses auprès de gens qui passent pour sensés, comment s'étonner que la foule soit si bête — ou si canaille — ou si méchante !

*
* *

Bête, la foule le serait bien moins, si ne s'appliquaient à la rendre telle force gens qui, bêtes, ne le sont point. — Moins canaille, si, de l'être, la lutte pour l'existence ne lui faisait une loi. — Moins méchante, si l'inhumanité d'en haut ne l'incitait à l'être.

*
* *

Si les riches n'étaient jamais volés par les pauvres, mais au contraire par eux toujours bien servis, avouez que l'état de riche serait un bien bel état.

*
* *

Qui ne consent point à se laisser voler consciencieusement, est toujours mal servi. — Les meilleurs serviteurs sont les plus voleurs. — Ils ne cessent d'être bons que lorsqu'ils ne peuvent plus voler.

*
* *

De quelle considération pourriez-vous jouir auprès d'un domestique qui ne vous vole pas ? — Déconsidéré par vous, il vous rend en considération ce qu'il vous vole,

*
* *

L'état de servage est un état contre nature.
— Qui l'endure en pâtit, qui en profite en
souffre. Et sans cela où serait la justice ?

* *

Quel intérêt ont à vous bien servir les
domestiques qui ne vous volent pas ? — Nos
bons amis, les jésuites, l'ont bien compris ; et
c'est sans doute pour que nous soyons mieux
servis, qu'ils ont trouvé pour déguiser le vol
domestique cet euphémisme exquis : « Compensation ».

* *

Que si l'on n'est pas assez riche pour se
laisser voler, il y a un moyen presque sûr
d'être considéré des gens de service et d'être
par eux bien servi, c'est de les considérer. —
On n'a pas idée du prix qu'attachent à la considération ceux qui n'en ont pas.

* *

Les serviteurs sortis riches de leur charge
sont considérés — jusque de leurs anciens
maîtres ; ou pour l'être il ne leur manque que
de les avoir volés — insuffisamment.

* *

On s'avilit volontiers la moitié de sa vie
pour être considéré l'autre.

* *

Je comprends qu'on cherche à se faire pas-

ser pour plus riche, vu le plus de considération dont on jouit.

*
* *

Mieux vaut pour la considération être mauvais auteur — riche qu'auteur pauvre — très
estimé.

*
* *

On voit couramment des gens qui sacrifient
leur situation, leur fortune à quelque initiative généreuse pour un peu de considération
qui leur échappe, dès qu'ils sont ruinés. —
Et l'on dit que supprimer l'intérêt individuel
serait détruire toute initiative. — Oui, les ini-
tiatives de mauvais aloi, mais ce serait encourager les autres.

*
* *

Dans le commerce, l'industrie, la plupart
des professions libérales, sous une forme ou
sous une autre, c'est partout le vol qui se dis-
simule ou s'étale. — A vous voir si grands
voleurs, comment les petits résisteraient-ils à
la tentation de voler, dans la mesure de leurs
moyens !

*
* *

Patrons et commis, maîtres et valets, dans
la limite où ils sont voleurs, trouvent toujours une excuse à leurs vols ou leurs lar-
cins.

*
* *

Partout volés, jamais voleurs, sont bien à plaindre ceux qui n'ont point un état qui leur permette — de frauder ou de majorer.

* *

Les riches se volent entre eux et s'étonnent d'être volés par les pauvres.

* *

Qui s'est enrichi par le vol contre les lois et les gendarmes, n'hésite pas à faire appel aux lois et aux gendarmes pour défendre le produit de ses vols.

* *

Le travail enrichit peu de gens, mais aussi peu s'enrichissent sans travail. — Les riches, dans la fortune acquise, n'ont garde de distinguer la part qui provient de leur travail de celle qu'ils doivent à l'exploitation et à la malhonnêteté. Dans leur pensée, ça fait bloc, et l'une à leurs yeux justifie l'autre.

* *

Il n'est pas d'homme si dangereux pour le succès d'une mauvaise cause, que celui qui se recommande d'un long passé d'honneur. Il faudrait faire passer dans l'esprit des hommes que les meilleurs peuvent se tromper ou faillir, et qu'en tout il faut considérer la chose mais non l'homme.

* *

Trop de gens jugent de la qualité des choses par la qualité de ceux qui les prônent.

*
* *

Se trompe-t-on avec sa propre raison? on peut revenir sur son erreur. — Mais qui base ses jugements sur l'autorité de tel ou tel, abdique sa propre raison et perd sa qualité d'homme.

*
* *

Le respect de l'autorité serait une bien bonne chose, s'il ne servait à justifier les pires choses.

*
* *

Pour penser juste il suffit d'un bon appareil; et si à ce moment je pense faux, c'est que mon instrument est mauvais. Et non seulement à cela je ne puis rien, mais il m'est encore impossible de m'en apercevoir. — Ou quand je m'en aperçois, je me rectifie.

*
* *

Il m'arrive d'avoir des doutes sur la justesse de telle ou telle pensée, et sans pouvoir sortir de mon doute. — Il en est d'autres où je n'ai point de doutes, mais où je puis tout aussi bien me tromper.

*
* *

Nous ne croyons bien qu'à la vérité contre

laquelle nous avons d'abord protesté vivement.

Toute vérité nouvelle, lorsqu'elle heurte
des croyances qui nous sont chères, nous
nous révoltons contre elle. Nous avons comme
la sensation d'un viol de notre personnalité
morale. — Mais à mesure que davantage elle
nous pénètre, dans notre esprit troublé nos
préventions s'effacent ; et quelle joie sereine
et délicieuse, quand elle nous a définitivement conquis !

Lorsque dans une controverse vous émettez
une opinion qui d'abord frappe par son originalité, elle se recommande dans votre esprit
d'un ensemble de faits et de circonstances qui
à vos yeux l'expliquent et la justifient, mais
qu'il vous est impossible d'émettre avec
elle. — Le cerveau qui la reçoit et auquel elle
se présente toute nue, s'y trouve rarement
préparé. Et quand elle heurte ses propres acquisitions, fatalement il la repousse par défaut d'harmonie. — On ne peut bien s'entendre qu'entre hommes pénétrés des mêmes
principes ; mais le fait de s'entendre ne prouve
nullement qu'on soit dans le vrai, tant qu'on
n'est pas sûr des principes.

Il ne nous est point indifférent que tel ou tel vienne à nos idées — qui ne les avait pas. Nous sommes d'autant plus flattés de notre conquête que son éducation, son milieu, ses intérêts la tenaient plus éloignée de nous.

**

On aime bien les livres où l'on est avec l'auteur : on est flatté de voir qu'il pense comme vous. Mais il n'en est point que l'on soit plus porté à vouer au bûcher que ceux où l'on sent que l'auteur a raison contre vous — quand on est résolu à n'en point convenir.

**

Rien n'est plus désagréable qu'un homme qui se donne toujours raison. Les plus modestes aiment bien à avoir raison quelquefois : il faut savoir avoir tort à son tour.

**

On n'accorde raison sur rien à qui veut avoir raison sur tout.

**

Qui ne sait faire des concessions à l'esprit des imbéciles n'en sera jamais estimé.

**

Ne pas croire ce que la foule croit est une offense qu'elle ne vous pardonne guère, car ainsi vous la diminuez. — On grandit au con-

traire dans son esprit de tout ce qu'on l'élève
à ses propres yeux, — quand, sorti de la foule,
on se donne l'air de condescendre à ses superstitions, à ses erreurs.

*
* *

Autre chose est savoir beaucoup de choses,
autre chose — les bien juger. — Tel effectivement sait tout, connaît tout, tranche tout,
sans le moindre accord dans ses jugements.

*
* *

Reprocher d'être bêtes aux gens qui ont le
malheur de l'être, n'est déjà point d'un si
haut esprit ! — Bête, on l'est toujours pour
certains et par certains côtés. — On exploite
la bêtise des gens bêtes : on ne s'en plaint
que lorsqu'elle vous nuit.

*
* *

Pourquoi l'esprit est communément plus
estimé que la science : chacun se juge assez
d'esprit pour juger l'esprit des autres. Tandis
que voulez-vous que la foule pense — et moi-
même — d'un Berthelot ou d'un Poincaré ?
— Mais aussi pour l'esprit quel dédain des
scientifiques — j'entends des petits scientifiques !

*
* *

L'esprit fait plus pour l'amour-propre que
la science, parce qu'il est plus jalousé.

*
* *

Etre satisfait de savoir ce que tout le monde peut apprendre, c'est se satisfaire de peu.

*
* *

Pour tout ce qui ne semble pas demander d'études spéciales, nous avons des prétentions égales à bien juger. Et ce qui nous confirme dans nos opinions, si absurdes qu'elles soient, c'est qu'il n'en est point qui ne se recommandent, dans le présent ou le passé, de l'autorité d'un homme intelligent.

*
* *

Entre un savant, un poëte, un romancier, un penseur — et un homme vulgaire, il n'y a point toute la distance qu'on s'imagine ; et le plus fin n'est pas toujours celui qui croit l'être.

*
* *

Nous naissons avec des aptitudes très variées ; et je ne vois pas qu'il y ait beaucoup moins de mérite à être un piqueur émérite qu'à présider la République.

*
* *

Tant qu'une vérité nouvelle, claire à tout esprit cultivé, ne sera pas venue balayer la poussière de toutes les erreurs du passé, le champ de la discussion restera si vaste, si mal défini, qu'il n'y aura point d'entente entre les hommes.

*
* *

Il n'est souvent pas de meilleur critérium
qu'une idée est fausse, qu'elle vous paraisse
juste *a priori.*

.
*

« Si j'avais les mains pleines de vérités,
disait Fontenelle, je me garderais bien de les
ouvrir. » — Parole d'ailleurs vaine d'un
homme qui n'avait point de vérités les mains
pleines. — Il y a des âmes fourbes qui voyant
la vérité, plaident le mensonge. Mais ceux-là
ne sont point des créateurs de vérité. Toute
vérité passe en eux sans s'y arrêter — que
pour servir à l'occasion leurs ambitions ou
leurs intérêts.

.
*

Les pires ennemis de la vérité sont ces
hommes qui, ayant fondé leur réputation sur
l'erreur, en recueillent honneurs et profits.
Ceux-là sont trop intéressés au mensonge
pour que leur esprit s'ouvre à la vérité, ou
que, la voyant, ils veuillent la reconnaître.

.
*

La vérité! ce n'est point la courtisane qui
au premier passant se livre. Elle ne se plaît
qu'aux amants fidèles qui s'absorbent et s'abî-
ment en elle. De toutes les maîtresses elle est
la plus jalouse, mais qui s'est une fois épris
d'elle n'en veut point d'autre.

.
*

Tout esprit n'est point fait pour utilement recevoir toute vérité.— Une vérité mal assimilée peut être plus dangereuse que l'erreur; mais ce n'est point une raison suffisante pour composer avec le mensonge.

*
* *

L'opinion du plus grand nombre pèse à ce point sur chacun de nous, que les plus braves ne laissent pas de faire des concessions à l'esprit des imbéciles qui, eux, de concessions n'en font point.

*
* *

On trouve des gens qui n'ouvrent la bouche que pour dire des choses — si énormes, qu'on aime mieux leur donner tout de suite raison que de discuter avec eux. Ce silence est pourtant un hommage qu'ils croient qu'on leur rend, et ils vivent dans l'idée que si on les écoutait, ils sauveraient l'Etat.

*
* *

Il en est qui sont incapables de faire acte d'initiative, de prendre une résolution: ils poussent les autres à agir, et trouvent toujours qu'ils ont mal agi.

*
* *

Il est très difficile de garder pour soi une pensée originale, la crût-on fausse, — d'autant qu'on est assuré de son succès auprès des

esprits faux, qui sont le plus grand nombre.
— Témoin la faillite de la science du bien-
heureux Brunetière.

*
* *

Qui fuit le chemin de la science n'est pas
loin de tomber dans la voie de l'absurde.

*
* *

Le châtiment de ceux qui sacrifient sciem-
ment à l'erreur est que, faute de vouloir
reconnaître qu'ils ont trompé, ils sont fatalement entraînés à sortir de la ligne qu'ils se
sont eux-mêmes tracée, et à s'enfoncer chaque
jour davantage dans le mensonge et l'imposture. — Ainsi la vérité se venge de la mauvaise foi.

*
* *

L'homme ne conduit pas sa pensée : elle va
où la poussent les qualités de son esprit.

*
* *

Pour bien agir il faut d'abord bien penser,
et l'on pense comme on peut.

*
* *

On dit les choses comme on les voit, comme
on les sent, et on les voit et on les sent comme
on est organisé ; ou à les dire autrement on
ment — comme on est organisé.

*
* *

On peut avoir l'esprit juste et ne rien mener

à bien, faute de l'esprit de suite qui fait l'homme de caractère et de volonté. — Il y a loin des bonnes pensées aux bonnes actions.

*
* *

Combien n'ont pas le cœur à la hauteur des pensées, ou qui, ayant beaucoup de cœur, n'ont point de pensées !

*
* *

Il n'est pas toujours sage de juger du cœur des gens par les belles pensées qu'ils expriment.

*
* *

Je ne me pique point de cœur sensible : je l'ai plus généreux que tendre. — Combien s'imaginent qu'ils ont beaucoup de cœur, parce qu'ils l'ont tendre ou sensible! — Je me défie de ces cœurs-là: ils sont tendres à ce qu'ils aiment, sensibles à ce qui les touche, et rapidement passent de l'amour à la haine. — Les cœurs parfaits sont les cœurs bons.

*
* *

La facilité qu'on a à pardonner les offenses n'est pas nécessairement le gage d'une belle âme : ça peut bien n'être qu'une tendance à la pusillanimité.

*
* *

Les meilleurs raisonnements pèchent toujours par quelque côté ; et trop s'étendre à démontrer le vrai, c'est fournir des armes à la mauvaise foi. Pour avoir relevé telle ou telle partie faible de votre raisonnement, on croira vous avoir convaincu d'erreur.

* *

Il se rencontre des hommes à qui la nature a départi un bon jugement, voire même une sorte de divination, par lesquels ils ont souvent raison contre tout le monde. Il y a là pourtant une prédisposition pleine de périls, tant pour ceux qui en sont doués que pour ceux qu'ils ont mission de conduire. Ces hommes contractent à la longue une telle foi en leur infaillibilité que, cessant de s'observer, il n'est plus alors de mauvais pas qu'ils ne fassent ou ne fassent faire. Et quant à s'être trompés, ce serait à leurs yeux déchoir que de le reconnaître.

* *

Indépendamment d'un esprit naturellement faux, et à cela nous ne pouvons rien, il y a telles circonstances extérieures qui pèsent sur notre pensée, obscurcissent notre jugement, et qui font qu'on se trompe de bonne foi. — Nous ne trompons jamais que les autres de mauvaise foi.

* *

Si les hommes sont trompeurs, nul ne veut être trompé; c'est ce qui fait la force — même pour tromper — des hommes qui ont su se faire une haute réputation d'intégrité, de sincérité.

.*.

On se persuade aisément soi-même qu'on est dans la vérité, quand cette vérité profite à nos intérêts. — Mais autre chose est: être sincère et servir la vérité.

.*.

Que de gens dont on ne saurait dire sûrement s'ils sont plus méchants que bêtes, ou plus bêtes que méchants! Mais ce que l'on peut souvent affirmer, c'est que leur méchanceté n'a pas conscience de leur bêtise, ou leur bêtise de leur méchanceté.

.*.

Il se trouve encore des hommes qui pour n'être rien, capables de rien, pourtant prétendent. que la volonté suffit à tout. C'est ainsi qu'ils s'imaginent que pour être devenus grands écrivains, savants, artistes, poètes, il ne leur a manqué que d'avoir voulu. Ce disant leur sottise est satisfaite, et leur vanité y trouve son compte.

.*.

Les plus déshérités de la nature ne laissent pas d'avoir quelque supériorité dont se satisfait leur amour-propre. — Les idiots parfaits sont parfaitement contents dès qu'ils ont à manger.

**

A qui vous offense de son esprit on est bien aise de pouvoir rendre dédain pour dédain quand on est plus riche.

**

On en veut aux sots d'être vains comme si les gens d'esprit seuls avaient droit aux satisfactions intimes.

**

Par simple esprit de charité on ne devrait jamais désillusionner les sots qui se croient du mérite : ça leur fait tant de plaisir.

**

Dans la voie de la modestie c'est aux gens d'esprit à donner l'exemple : les autres ne commenceront jamais.

**

Si par hasard quelques sots me lisent, ils devront me savoir gré de les avoir si bien compris. Mais se reconnaîtront-ils ? — Quand on parle aux sots on peut toujours les préjuger gens d'esprit : ils ne vous démentiront pas.

**

Il est souvent plus malaisé qu'on se l'imagine de se taire quand on n'a rien à dire. Les sots ont toujours quelque chose à dire, comme les gens de beaucoup d'esprit. Et combien on leur sait gré de leur sottise, quand elle sert à rompre un silence embarrassant ! — Rien ne vaut un sot pour vous faire paraître de l'esprit. Ne fût-ce qu'à ce titre qu'il leur soit beaucoup pardonné !

*
* *

Lorsqu'au cerveau me monte une idée sotte, et cela souvent m'arrive, j'en suis bien irresponsable. Si je l'énonce aussitôt, vu l'intérêt que j'ai à ne pas la dire, je suis bien excusable ; si je la dis parce que je ne sais que dire, je suis bien innocent ; mais si c'est que je la crois fine, c'est l'irresponsabilité dans son plein. — Mais aussi cela me juge.

*
* *

« Il y a quelqu'un qui a plus d'esprit que M. de Voltaire, c'est M. Tout-le-Monde. » — Ce mot devait plaire à M. Tout-le-Monde, et il a fait fortune. Mais n'en déplaise à M. Tout-le-Monde, sans l'esprit de M. de Voltaire et de ses pareils, M. Tout-le-Monde, vous n'auriez point d'esprit. — La foule n'a d'esprit que celui que l'élite lui donne.

*
* *

Les gens qui n'ont point d'esprit n'ont point de style. L'érudition ne donne ni l'un ni l'autre. Le style, c'est l'esprit, comme son tempérament fait l'orateur.

*
* *

Des érudits, à foison l'homme en fait. Le génie est une création rare de la nature.

*
* *

Madame de Sévigné ne savait pas l'orthographe. L'esprit qui pétillait en elle a suffi pour en faire un écrivain inimitable.

*
* *

Pour écrire comme Voltaire il suffirait de son génie clair et lucide.

*
* *

Comme de la main on naît prestidigitateur de la parole ou de la plume.

*
* *

On est écrivain comme on est fleuriste. — On arrive à tourner des phrases comme à *styler* des fleurs, quand on est doué.

*
* *

Il est infiniment plus facile de faire de très beaux vers, lorsqu'on a le cerveau organisé, que de très mauvaise prose, lorsqu'on n'est pas doué.

*
* *

La concision du style n'est la marque ni d'un grand esprit ni d'un grand écrivain : les

Spartiates avaient peu d'idées, ils ont créé le laconisme.

*
* *

Un cerveau bien meublé et d'imagination féconde se plie difficilement au style laconique. — Mais les hommes à imagination sont de mauvais pasteurs de vérité.

*
* *

Un esprit observateur et fin produit naturellement le style concis, et n'en peut produire d'autre sans tomber dans la diffusion. — Il se pourra qu'il excelle dans la peinture des petites choses, mais ne lui demandez du grand écrivain ni le souffle ni l'envergure : à s'y risquer il verse dans le plat.

*
* *

Le style artiste est au beau style ce que la dépravation est à la pureté, le dégénéré à l'homme sain : on prend mille détours, on donne mille assauts, on s'use, on s'épuise pour produire un effet qui ne porte pas. — Dans sa fécondité la bonne nature va droit au but.

*
* *

Ma pierre de touche qu'une phrase est bien faite, c'est ma langue — quand elle la tourne bien. — Je suis bien moins sensible à l'incorrection qu'à la lourdeur ou la cacophonie.

*
* *

J'ai une certaine difficulté de prononciation qui fait que toute phrase mal faite s'accroche — à ma langue; et c'est ainsi que tout jeune sans le chercher, je me suis fait une réputation de phraseur. Ce fâcheux défaut, en mainte occasion, m'a fait tenir coi — où j'aurais bien voulu parler. Ne parlant pas je passais pour fier. — Fier et phraseur, tout ça pour un défaut de langue. — Mais allez donc faire croire aux gens qui parlent facilement et sans phrases que tout le monde ne peut pas comme eux parler. Ils sentent seulement qu'ils ne pourraient pas comme vous parler. — Chacun parle comme il est organisé.

*
* *

Une des causes que mon style manque d'envolée, c'est que j'ai la respiration courte. Il me faut un grand effort pour prononcer plus de six mots de suite — sans respirer, et quand je parle, ma respiration cesse. — La principale est que la pensée ne me vient que par petits filets. — Ainsi mon cerveau, ma respiration, ma langue, j'ajouterai mon tempérament nerveux s'accordent fort bien pour faire du style concis.

*
* *

Je ne comprends bien qu'aujourd'hui cet aphorisme de Buffon : « Le style, c'est l'homme », et non point seulement l'esprit, comme je l'ai dit plus haut.

*
* *

Je crois qu'il est bien difficile d'échapper à la tentation de louer de parti pris chez les autres les qualités de style ou d'esprit qu'on apprécie en soi, parce qu'on les a.

**

Combien les meilleurs ont de peine à se défaire de cet état d'esprit qui leur fait *a priori* mal juger des gens, parce qu'en telle occurrence ceux-ci n'ont point agi comme ils auraient fait.

**

On peut être sage en esprit et ne pas mettre un grain de sagesse en action : l'esprit n'est pas toujours d'accord avec le caractère ou le tempérament.

**

Je serais toujours d'humeur très calme, très accommodant de caractère — moins nerveux de tempérament.

**

On se fait volontiers une philosophie conforme à son caractère, à son tempérament. On s'imagine ensuite n'obéir qu'à des préceptes, quand on est son propre esclave.

**

C'est une tendance générale que de ramener tout le bien à l'idée qu'on s'en fait. — Et cette tendance à ramener toutes les perfections à ses perfections, y a-t-il rien de plus insupportable — chez les autres !

*
* *

Le même acte peut être moral ou immoral suivant les vues qui l'accompagnent.

*
* *

Ni en bien ni en mal il ne faut d'après soi juger des autres : ils valent plus, ils valent moins, tout autant, jamais pareil.

*
* *

C'est une erreur trop commune par laquelle on s'imagine que ce que l'on fait avec quelque mérite, un autre homme ne le peut faire — sans mérite.

*
* *

Ce que nous ne pouvons faire sans grand effort sur nous-mêmes, voire même invinciblement, un autre homme le fait sans effort, tout naturellement.

*
* *

A faire une bonne chose sans effort nous avons du mérite — pris dans un certain sens; nous n'en avons point dans l'autre. A la faire avec beaucoup d'effort, le mérite se déplace. — Il y a le mérite qui tient à la personne : c'est celui qui fait les personnes de mérite. Il y a le mérite dans les actes, inversement proportionnel au mérite de la personne. Du premier bien vain qui s'en prévaut, bien fou du second.

*
* *

Nous n'avons point à volonté telle ou telle pensée. Elle nous vient d'abord : nous la jugeons ensuite. Mais l'esprit étant juge et partie, nous le devons tenir en juste suspicion.

*
* *

J'ai connu tel imbécile qui s'avouait tout étonné de se trouver autant d'esprit. Au moins celui-là était-il sincère. — Sincères, si nous l'étions, nous reconnaîtrions tous que nous sommes les premiers surpris de notre esprit.

*
* *

Il faut un aveuglement sans égal pour se donner le mérite de son esprit. — C'est comme les gens qui se piquent de *j'-m'en-foutisme*, et qui s'y croient grand mérite : on est *j'·m'en-foutiste* comme on est un sot ou un homme de cœur, et rien de plus.

*
* *

Seuls ont peut-être quelque mérite ceux qui ayant peu ou point d'esprit, se sont à grand'peine assimilé l'esprit des autres. — Les hauts emplois leur sont une juste récompense.

*
* *

Il n'est rien de tel qu'un haut emploi pour qu'on se croie ou qu'on vous croie du mérite.

— Pourtant combien peu l'on voit de gens de grand mérite s'élever aux hauts emplois — ou s'y maintenir ! Tandis que les orages passent sur les médiocres sans les atteindre.

*
* *

On serait bien malheureux dans un emploi au-dessus de son mérite, si l'on se doutait qu'un haut emploi ne tient pas lieu — de mérite.

*
* *

Si certains avaient le respect de leur emploi, ils s'en excluraient d'eux-mêmes — par insuffisance ou par indignité.

*
* *

On est aussi bien exposé — à montrer plus d'esprit que n'en comporte son emploi; on doit avoir plus d'esprit dans un plus haut emploi.

*
* *

Rien ne donne du poids à vos jugements comme un haut emploi. — Si vous êtes de petit emploi, vous devez nécessairement avoir tort; et à défendre votre opinion vous courez après la bourrade : Si vous avez tant d'esprit, monsieur, que n'êtes-vous de plus haut emploi !

*
* *

Tout esprit élevé n'est point fait pour les

hauts emplois. Tel esprit médiocre y fait bien, quand tel haut esprit s'y trouve déplacé.

*
* *

Les conditions de la vie sociale étant ce qu'elles sont, chacun ne laisse pas d'y être à sa place le mieux possible ; ou c'est pour avoir voulu s'élever plus haut que leurs facultés que tant de gens se trouvent sans place ou déplacés.

*
* *

Il n'est pas plus avantageux d'occuper un emploi au-dessus de son mérite qu'au-dessous. — Les plus utiles à eux-mêmes et aux autres sont ceux qui ont l'esprit de leur emploi.

*
* *

Que vaut-il mieux être quelqu'un ou quelque chose ? — Ceux qui sont quelqu'un veulent être quelque chose, et dès qu'on est quelque chose on se croit quelqu'un.

*
* *

Si l'amour-propre est plus flatté d'être quelqu'un que quelque chose, la vanité l'est moins. — On est plus vain de ses emplois que de son mérite, et cela se conçoit : le mérite modeste suffit au respect ; la morgue insolente des puissants sans mérite tient seule en respect les inférieurs.

*
* *

La morgue ! tels qui sont corrects avec leurs égaux en ont jusques aux dents.....ec leurs inférieurs. — Après tout de ces hommes peut-être en faut-il ! Je crois même qu'il en faut : pour imposer au troupeau il y aurait trop peu de gens de mérite, si la morgue n'y suppléait pas.

**

Il n'est pas en tout mauvais que dans nos administrations l'avancement soit dû à la faveur autant qu'au mérite : cela sauve l'amour-propre de ceux qui n'ont ni faveur ni mérite. — Bien peu n'ont pas leur tour de faveur.

**

Quand on n'a qu'un esprit moyen dans le militaire, on tombe au-dessous de tout : toujours raison avec ses inférieurs, avec ses supérieurs toujours tort, comment le jugement pourrait-il ne pas s'oblitérer !

**

Certains hommes de mérite se font un mérite de ne point descendre aux petites choses. Ils ont raison — de n'y point descendre : ils n'y brilleraient guère. Le proverbe : « Qui peut le plus peut le moins » n'est point vrai : on peut ce qu'on peut — sans plus ni moins.

**

« Vouloir c'est pouvoir ». — Le tout est de pouvoir vouloir suffisamment ; et l'on ne veut bien que ce qu'on peut.

*
* *

Un homme de talent ou de génie qui fait une œuvre médiocre, c'est qu'il sort de son talent, de son génie, ou qu'il les a perdus.

*
* *

Il n'y a rien de tel pour faire grand sans effort que d'avoir du génie.

*
* *

L'homme de génie ne fait pas plus pour être que la plus belle rose aux tiges d'un rosier. — La nature par un croisement heureux les produit : un sang plus généreux, une sève plus abondante, par la culture et le milieu, leur donne leur éclat.

*
* *

Les manifestations du génie sont comme les parfums des roses. Les roses ignorent leurs parfums : les plus purs génies sont ceux qui s'ignorent. — Le génie, à mesure que plus il se connaît, prend mieux conscience de sa nature *impersonnelle*.

*
* *

Je considère mes pensées comme ferait un rosier conscient — ses roses. — Les idées nous poussent au cerveau comme aux tiges d'un rosier — ses roses. Comme les roses doivent leur plus ou moins d'éclat ou de parfum aux qualités du rosier, aux sucs qui le nourrissent, à l'air qu'il respire, ainsi les qualités de notre esprit, les sucs dont par la lecture et l'observation il se nourrit, les idées qui sont dans l'air et dont il s'imprègne, font que plus ou moins valent nos jugements, nos pensées.

*
* *

Il faut du génie pour lancer une idée juste, et du talent pour la faire valoir. Le génie souvent en meurt quand le talent en vit ; et c'est justice, en ce que si l'on mesure le mérite à l'effort, il y a plus de mérite au talent qu'au génie. — Le génie sans talent, c'est une bonne terre qui, faute de culture, ne rapporte rien : pour la mettre en valeur il lui faut des hommes de talent. — Pour faire une œuvre parfaite, à beaucoup de génie il faut beaucoup de talent.

*
* *

Il est bien difficile de distinguer où finit le talent, où commence le génie. — Suivant qu'on est bien ou mal prévenu pour les idées ou la manière de l'auteur, on ne voit que le génie ou le talent, ou tous les deux, ou ni l'un ni l'autre. Souvent aussi on croit les voir où ils ne sont pas.

*
* *

A mesure que l'esprit public monte, il y a plus de gens qui ont ou se croient du talent, du génie, et d'autant plus le talent, le génie se discutent. — On admire moins le génie des autres, dès qu'on s'en croit.

*\
* *

Deux génies qui se nient nous donnent la mesure de la petitesse du génie.

*\
* *

Le génie rend hommage au talent, rarement au génie. — Quel homme de génie ne trouve du talent aux admirateurs de son génie !

*\
* *

Il n'y a rien que nous admirions plus qu'un homme de génie qui rend pleinement justice aux qualités de son rival. — C'est comme pour les fruits rares.

*\
* *

Le génie a des petitesses — inconnues des petites gens.

*\
* *

On se tromperait fort à s'imaginer que la grandeur de l'esprit exclut la petitesse du caractère. — On devient au contraire petit de caractère à force de s'exalter à soi-même sa grandeur d'esprit.

*\
* *

Bien étrange la manie des petits esprits que

de prétendre à rectifier le talent ou le génie,
qui sont ou ne sont pas. — A les faire à leur
mesure, il n'y aurait sûrement ni talent ni
génie.

*
* *

On commence par reconnaître le talent ou
le génie d'un homme, quand on ne peut pas
faire autrement. Puis dès qu'il énonce quelque paradoxe qui dépasse la portée de notre
entendement, nous le traitons agréablement
d'utopiste. — Qu'en savons-nous ?

*
* *

Quand ce sont les petits esprits qui jugent
les grands, ils ne les peuvent juger qu'à leur
mesure, et ils les jugent toujours mal.

*
* *

Pour être assuré qu'un homme a l'esprit
faux, il faudrait être au moins plusieurs
d'opinions différentes à le constater. Et encore
n'est-ce point suffisant quand il s'agit d'un
esprit supérieur.

*
* *

Beaucoup de gens dont on dit qu'ils ont
l'esprit faux l'ont juste — au point de vue où
ils se placent.

*
* *

Les petits esprits n'ont pas toujours tort
contre les grands — dans le présent.

*
* *

L'homme qui a du génie n'en a point à son gré. Il lui faut attendre l'inspiration, à laquelle il ne commande pas, et qui se produit le plus souvent à l'occasion de faits pour lesquels il n'est rien. — Ce qui s'acquiert à la longue, c'est l'art de préparer, d'amener, de fixer l'inspiration.

**

Quand je veux penser, je me recueille, ou j'erre, et j'attends : la pensée vient ou ne vient pas. — Souvent aussi la pensée vient, capricieuse, sans qu'on l'appelle ; et, volage, aussitôt née elle vous fuit ; ou, tenace, elle ne vous quitte qu'après l'avoir écrite ; ou, tyrannique, sans cesse elle vous revient pour la rectifier, la compléter ou la mieux formuler.

**

Ce ne sont souvent ni mes études, ni mes observations, ni mes connaissances qui me valent telle ou telle pensée, moins encore ma volonté, pas même ma volonté de penser, c'est mon cerveau qui les produit tout seul, et quelque diable qui me force à les écrire. — Tout au moins n'ai-je aucune connaissance du travail préparatoire qui les a fait éclore.

**

Pour ceux qui voudront bien me reconnaître l'esprit juste, ça pourrait bien être

que mes ancêtres ne l'avaient pas faussé,
n'ayant jamais pensé.

* *

Telle pensée qui vous paraît bonne à sa
naissance, à vous familiariser avec elle vous
laisse des doutes angoissants qui persistent,
tant que l'opinion ne s'est pas prononcée pour
elle.

* *

Nos meilleures pensées, les mieux venues
sont souvent les plus spontanées.

* *

Le fameux « Qu'il mourût » du grand Cor-
neille ne lui a certainement rien coûté. Le
vers suivant tant discuté : « Ou qu'un beau
désespoir alors le secourût » n'est vraisemblablement pas venu sans peine.

* *

Combien de gens doués d'une bonne mémoire, ayant la parole facile, sont sans jugement ! A quelque cause qu'ils s'attèlent, ils la
défendent avec la même conviction et font
des prosélytes. N'ayant d'ailleurs nul souci de
faire concorder leurs théories du jour avec
celles d'hier ou de demain, ils mettent une
sorte de dilettantisme à changer d'opinion, se
retranchant à tout propos derrière cette parole
juste au fond : Il n'y a que les bornes qui ne

changent pas. — Mieux vaut pour ennemis de la vérité mille ignorants qu'un seul de ceux-là.

*
* *

Certains hommes admirent volontiers ce qui les étonne, ce qui les frappe, de bonne foi, sans comprendre ! — D'autres, et c'est le plus grand nombre, parce qu'ils ne comprennent pas, sont portés à ne voir, dans le talent ou le génie, que l'effort d'un esprit déséquilibré ou malade.

*
* *

Dire à son cerveau, quand il est fortement organisé pour le faire : Tu ne produiras plus, — autant vaudrait commander à la mer de ne plus battre ses flots. Et comme la mer ne fait pas la tempête, mais que, docile, elle la subit, l'inspiration, en bouleversant tout notre être, se fait jour par le cerveau, qui n'en est que l'instrument nécessaire.

*
* *

A la longue, le cerveau devient un moule où la pensée s'incruste — pour en sortir avec l'empreinte, la marque de l'auteur.

*
* *

On a trop souvent dit et répété que la vérité est une. Bien des cerveaux s'en sont trouvés faussés. — En dehors des vérités purement

scientifiques, des vérités de fait, souvent diffi-
ciles à dégager, ou d'ordre absolu, telles l'évolution, la solidarité désormais acquises, et
d'autres plus discutées ; en dehors des vérités
psychologiques et des vérités morales, qui
existent, mais dont la conquête est à faire ;
en dehors de la Vérité, celle qui affranchira
l'humanité de toutes les servitudes et de toutes
les misères, et que tout faiseur de système
ingénûment s'imagine avoir enfin tirée du
puits, — et c'est cette foi qui lui imprime la
force, lui donne le courage de peiner et de
souffrir pour son œuvre, avec l'espoir au
moins de projeter sur la voie obscure quelques rayons de lumière, — celle, dis-je, qui
étant faite de toutes les autres les contient
toutes, et qui ne sera pleinement acquise,
qu'autant qu'à l'appel aucune ne manquera,
— il n'y a, il n'y aura jusqu'alors, dans les
phénomènes économiques et sociaux entre
autres, que des à peu près de vérité, ou des
vérités qui s'opposent sans se détruire.

*
* *

Dans la plus grosse absurdité, il y a presque toujours un côté de vérité qui seul frappe
celui qui l'émet, et lui donne l'illusion de la
pleine vérité.

*
* *

Les gens qui ne voient qu'un côté des choses
le voient d'autant mieux, et ils ont toujours

raison à leur point de vue ; ils se croient raisonnables et ne sont qu'obstinés.

**

C'est pour avoir pris un à peu près de vérité pour une vérité pleine que fortement armé de toutes les règles du langage, de toutes les finesses de l'esprit, de tous les artifices de la logique, pour la défendre on part en guerre...; et comme fort doctement l'on combat, très subtilement l'on dispute, non moins déraisonnablement l'on raisonne.

**

Au contraire du rhéteur qui tire ses plus forts effets de l'exagération et du mensonge, l'écrivain puise sa meilleure force dans la mesure et dans la vérité.

**

Les exagérations des orateurs ne nous choquent qu'autant qu'elles heurtent nos opinions.

**

Ce qui constitue la puissance de l'orateur, c'est la passion qui l'anime et qu'il fait passer dans son verbe. Il réchauffe le zèle de ses partisans, mais il fait peu ou point d'adeptes. — Les discours les plus enflammés, comme toute œuvre de passion, perdent de leur éclat et de leur force, à mesure que plus on s'éloigne des lieux, des temps, des circonstances qui les ont fait naître.

*
* *

Ce qui établit la supériorité de l'écrivain, quand il sait de la foi qui le pénètre bannir la passion, c'est qu'il fait un appel éternel à la raison, et son œuvre, quand elle est bonne, grandit avec les générations.

*
* *

L'orateur politique qui, par souci de la vérité, fait des concessions, se perd aux yeux de ses partisans qui, toujours plus sectaires que leur chef, l'accusent de trahison ou de faiblesse. Cependant l'adversaire que nul scrupule n'embarrasse, entraîne les hésitants et gagne la partie. — Dans les luttes oratoires la bonne foi est un bagage qui comporte la déroute.

*
* *

L'écrivain donne la mesure de sa foi dans la cause qu'il défend par l'étendue de ses concessions à ses adversaires. Il se concilie par elles les esprits les plus prévenus, et trouve dans ses concessions même, si sa cause est juste, les moyens de la faire triompher auprès de ceux — les seuls qui l'intéressent — qui d'un cœur sincère cherchent la vérité.

*
* *

L'homme est parti de l'ignorance des choses pour s'élever à la connaissance. — On peut poser en *postulatum* que les idées qui se recommandent du passé procèdent d'autant plus de l'ignorance. A leur tourner le dos on peut bien encore chevaucher par les sentiers de l'erreur, mais au moins a-t-on quelques chances de marcher vers la connaissance.

La connaissance du bien et du mal n'est point un don de nature, mais une acquisition de l'esprit. Elle se transforme avec lui.

*
* *

Il n'est pas douteux que l'homme primitif n'eût aucune notion du bien et du mal. Son seul instinct le guidait, comme les autres animaux, tantôt vers le bien, tantôt vers le mal, selon le plaisir, l'intérêt du moment. — Qu'on le veuille ou non, l'*Egoïsme*, en lequel se synthétisent tout le plaisir, tout l'intérêt, est à la base de la morale.

*
* *

Comme dans les espèces les sens physiques se sont constitués au fur et à mesure des besoins et des milieux propices, et s'atrophient ou s'éteignent par le défaut d'usage ou d'utilité, — le *sens moral* est né de la sociabilité : il s'élève ou s'abaisse selon les circonstances et les milieux, ou il s'éteint.

*
* *

Il faut que l'homme apprenne à s'aimer soi-même avant de savoir aimer les autres. — Point d'*altruisme* sans un égoïsme éclairé, ou cet altruisme est inconscient — source de mal autant que de bien.

** **

Comment a-t-on bien pu placer la *Loi morale* à la base de la morale, quand il a fallu tant de siècles pour en acquérir la perception, et qu'elle échappe encore à l'esprit du plus grand nombre ! — Sa place est au sommet : c'est le point lumineux, toujours grossissant à mesure que l'humanité accomplit sa lente évolution ; c'est le phare dont maints cerveaux sans doute se sont déjà sentis illuminés, mais c'est aussi la nuit, la nuit profonde pour le troupeau immense. Et tant qu'elle n'aura pas lui pour tout le monde, ne s'éteindra pas la lutte du bien et du mal. — Mais quand l'homme aura pris possession de la loi morale, il ne laissera pas de s'y soumettre — par plaisir ou par intérêt, toujours par *égoïsme*.

** **

On ne s'intéresse qu'aux personnes ou aux choses qui intéressent. On s'intéresse à l'humanité quand l'humanité intéresse. Intérêt ! intérêt ! on te retrouve partout — sur la terre comme au ciel : les dieux n'intéressent que pour se rendre intéressant.

** **

Que je vive par les sens, par le cœur ou l'esprit, ce sont trois manifestations de l'égoïsme dont l'intensité est égale.

*
* *

L'homme, ses instincts le poussent au combat, et son intérêt est dans la paix. L'instinct, c'est la bête qui parle en lui ; la raison, c'est l'homme : pour que la paix règne, il faut que l'homme tue la bête.

*
* *

Avec l'ordre de choses établi, et comme il fonctionne, on dirait que les hommes s'entendent — pour s'embêter les uns les autres.

*
* *

Avez-vous un désir même légitime ? tant de circonstances l'entourent qui le contrarient que la jouissance en est à l'avance gâtée.

*
* *

En changeant de situation, on ne change pas que d'attitude : le point de vue se déplace. — C'est ainsi que les palinodies sont presque toujours justifiées aux yeux de ceux qui les font.

*
* *

Tel en des temps de misère franchement lutta pour la révolution, qui pour de grasses prébendes avec la même sincérité combat pour la réaction. — Les idées au cerveau nous

montent du ventre comme du cœur : il en est
qui n'ont de sincérité de pensée que dans la
panse. Et que voulez-vous qu'ils y fassent ? —
Ventre creux, ils sont révolutionnaires ; ventre
plein — réactionnaires.

*
* *

Quand on a été élevé dans un certain milieu,
qu'on y occupe certaines fonctions, — pour
ouvert qu'on ait l'esprit aux idées neuves, —
il y a pourtant un point qu'on ne peut guère
dépasser, ou à le faire on compromet situation,
considération, honneurs. Il y faut en ce cas
une foi d'apôtre.

*
* *

Le nom, l'état, le rang, la fortune vous font
un état d'esprit dont on est pleinement irresponsable.

*
* *

Le bien pour chacun est dans ce qui lui
sert ou lui profite. — Pour les riches, le bien,
c'est la richesse, la chose sacrée, intangible;
pour les hommes intelligents, c'est l'esprit,
cette essence divine ; pour les artistes, le talent,
cette effluve de Dieu. — Les riches, d'ailleurs,
ne se soucient pas plus des gens de talent ou
d'esprit, qu'ils prennent en pitié, quand ils
sont pauvres, que ces derniers des premiers
pour lesquels ils affectent un dédain superbe,

— Le juste, en poursuivant la justice, c'est son bien qu'il poursuit.

* *

Quand on n'a ni argent, ni esprit, ni talent, ni vertu, on met toute sa satisfaction dans ses biceps, quand on en a. Au moins cela se voit ; ça se fait sentir ; ça ne se discute pas comme la vertu, le talent ou l'esprit ; ça n'est mis en question comme la fortune bien ou mal acquise ; ou l'on place au-dessus de tout l'esprit de bassesse ou de ruse par lesquels on parvient. Et quand on est simple bête à laine, on est si content de l'être qu'on subit sans révolte toutes les lâchetés, toutes les avanies des puissants et des forts ; et c'est ce qu'on a de mieux à faire, n'étant point armé pour la défense.

* *

Heureux seraient les puissants et les forts si, cessant de se déchirer entre eux, il ne se mêlait au bon troupeau quelques loups maigres — qui mordent et font crier.

* *

Pour les méchants, le mal, quand c'est eux qui le font, rien de plus légitime. Quant au pervers, son bien est dans son vice : ne lui parlez point d'autre.

* *

Il y a dans l'homme, le dernier venu sur la

planète, du loup, du tigre, du renard, du lion, du chien, du mouton, du bouc, du singe, de tous les animaux enfin, ses précurseurs ou ses ancêtres; beaucoup ont aussi de l'homme; très peu sont hommes, c'est-à-dire pleinement humains.

***

En ne remontant qu'aux origines connues de l'humanité, à travers la lente évolution physique, on voit se dessiner nettement l'évolution intellectuelle et morale, condition nécessaire de l'évolution sociale. Les mœurs du passé, les nôtres dans le présent ne nous paraissent condamnables qu'en raison des progrès de notre esprit. Or l'on peut tirer des leçons de l'histoire la preuve que tout fait social, condamné par une élite, est appelé tôt ou tard à disparaître.

***

A mesure que l'être humain dépouille la bête, il devient plus homme; sa conception du bien change, parce que son bien à lui n'est plus aujourd'hui ce qu'il était hier. Quand tout le monde verra son propre bien dans le bien d'autrui, chacun le voudra ainsi et le bien se réalisera.

***

L'histoire de tous les peuples nous montre partout les privilégiés abusant de leurs privilèges, et les opprimés luttant pour s'en affranchir. Et il fallait que les choses fussent ainsi pour que pût venir le règne de la pleine justice dans l'égalité.

**

Si les privilégiés se fussent toujours montrés généreux et bons, les foules asservies n'eussent jamais été portées à faire l'effort nécessaire pour secouer le joug des douces tyrannies; et elles fussent restées éternellement plongées dans l'ignorance et la servitude. Et comme il est bien établi que les premiers dans leur ensemble sont aussi incapables de générosité spontanée que les seconds de résignation volontaire, la paix sociale ne peut être que le fruit d'une égalité parfaite. — Nos grands ennemis sont les bons maîtres.

**

Les misères des petites gens, tant qu'ils ne les sentent pas, ne leur sont rien; et pour les en sortir, il faut qu'ils les sentent et vivement.

**

Ce qui fait la force des exploiteurs et des tyrans, c'est que, du plus grand au plus petit, nous portons tous dans le sang le goût de la domination et de l'oppression. On n'aspire à s'affranchir que pour mieux opprimer ses semblables. On se plaît même à son joug, dès qu'au-dessous de soi l'on a d'autres hommes à tyranniser; et les brutes, quand elles ne peuvent rien sur les hommes, se rattrapent sur les bêtes.

* *

Les grands chefs n'ont souci que d'eux-mêmes, et point du troupeau; et dans le troupeau même il y a des espèces, des genres, des catégories, des ordres, des classes. Chaque espèce, chaque genre, chaque catégorie, chaque ordre, chaque classe ne se préoccupe que de son propre avancement, et se désintéresse des autres. Et dans la même espèce, le même genre, la même catégorie, le même ordre, la même classe, il y a encore des rivalités, des jalousies, des haines d'individu à individu. C'est à qui montera au détriment des autres. Et de toutes ces meutes qui aboient chacune pour son compte, les unes vous dégoûtent, les autres sont à faire pitié, plus encore qu'elles n'inspireraient de pitié, si l'on pouvait les estimer responsables.

* *

Chacun travaille non point à détruire l'injustice, mais à conquérir le privilège, ou le peu qu'on fait contre l'injustice, nous est encore un marche-pied pour atteindre au privilège. Cependant, par ou malgré nos efforts, le progrès social, loi de l'humanité, ne laisse pas de poursuivre sa marche en avant; et il ne dépend plus que de la volonté du plus grand nombre d'ouvrir hardiment la route qui doit nous conduire à la ruine de toutes les tyrannies, de toutes les oppressions, de toutes les servitudes.

Je me heurte à chaque pas à des gens qui clament contre l'injustice, et qui plus ou moins vivent du privilège ou de l'injustice. Ah ! l'injustice qui nous profite, de grâce n'en parlons pas. Il n'y a que l'autre que nous trouvons mauvaise.

Ceux qui me connaissent me rendront cette justice que je ne me suis pour mon propre compte jamais plaint de l'injustice. Je me suis contenté de la pratiquer le moins possible et de solliciter le moins possible de faveurs. Je la trouve au contraire si naturelle chez les autres que je suis seulement étonné là où je ne la trouve pas. J'ai fâcheusement peu l'occasion d'être étonné.

C'est parce qu'il y a encore trop de ceux qui vivent de l'injustice, et pas assez de ceux qui en pâtissent que tarde tant à venir l'ère de la justice. Mais ceux-là même qui vivent le plus grassement de l'injustice ne sont pas exempts de maux sociaux ; et s'ils allaient à la source de leurs maux ils y trouveraient l'injustice dont ils profitent.

Quand un homme se trouve victime d'un de ces mille maux sociaux dont nous ne nous plaignons quelors qu'ils nous atteignent, la fièvre de l'attendrissement inutile m'est presque aussitôt coupée à la pensée que c'était peut-être un défenseur de l'ordre d'iniquité. Son cas ne m'apparaît plus que sous les espèces d'une leçon de choses dont la fréquence est nécessaire aux progrès de l'humanité.

Tant que les hommes seront opprimés, exploités, misérables, c'est qu'en majorité ils auront valu de l'être, ou que les nécessités sociales l'auront ainsi voulu.

Pour affermir leur autorité les grands n'hésitent pas à entretenir chez les petits l'esprit de superstition : autant qu'ils en vivent, ils en meurent.

L'éducation ne donne rien. Elle ne fait que développer des qualités natives, des dons naturels. Et ces qualités et ces dons, nous nous employons nous-mêmes à les accroître en raison du plaisir ou de l'intérêt que nous sentons à le faire.

On peut faire l'éducation du cœur par l'es-

prit ; mais on n'éduque que ce qui est avec ce
qui est.

.*.

L'on souhaite l'estime, l'affection, l'admiration de ses semblables, parçe qu'elles vous
flattent ou vous profitent. Ce sont choses qui
vont spontanément à ceux qui nous servent,
tandis que nous nous éloignons instinctive-
ment, et non sans quelque raison, de l'homme
qui, eût-il au plus haut degré tous les dons
de l'esprit, s'en sert contre nous ou la cause
qui nous est chère. Qui est utile à tous est
estimé de tous : tels un Pasteur, un Roux.

.*.

L'éducation, le milieu peuvent contrarier
nos inclinations naturelles, les étouffer, non
détruire. Qu'il se produise un milieu favorable, elles ne tardent point à prendre le pas
sur l'éducation.

.*.

Tout individu qui trouve un milieu favorable à ses instincts, à ses sentiments — bons
ou mauvais — les développe le plus possible.
Si l'on arrive à créer des milieux où se puissent seuls exercer les bons sentiments et les
bons instincts, chaque individu deviendra le
meilleur possible, et il régnera dans le monde
la plus grande somme de bonheur possible. —
Mais ce n'est point médire du présent non

plus que du passé en disant que la société n'a pas laissé jusqu'ici de favoriser les mauvais sentiments, les mauvais instincts au détriment des bons. — La vocation au bien est heureusement de toutes la plus irrésistible ; et c'est pour cela qu'en dépit des obstacles il se fait beaucoup de bien sur la terre, et qu'en fin de compte le bien triomphera du mal..

*
* *

Plus l'esprit est vaste, plus il est difficile à satisfaire. — Un bel habit sur le dos d'un sot suffit à son contentement.

*
* *

La qualité du bon garçon est la moins enviée et la plus appréciée.

*
* *

Quand un homme s'est fait une réputation de bon garçon, — eût-il du mérite, il n'offusque plus personne.

*
* *

Il y en a qui sont bons garçons tout naturellement : ce sont les bonnes bêtes. — Il y en a qui font les bons garçons : ce sont les roublards.

*
* *

Combien peu de gens se montrent ce qu'ils sont ! Est-ce un bien ? est-ce un mal ? — A se

montrer ce qu'ils sont beaucoup y perdraient
— peu y gagnent.

*
* *

Tout l'art de l'éducation est l'art de se con-
trefaire : les uns y réussissent, les autres restent mal élevés.

*
* *

Les êtres qui ont le plus à se faire pardonner, sont les plus exigeants pour les autres,
et ne se doutent même pas du mal qu'on se
donne à les supporter.

*
* *

Il y a des personnes si fâcheusement orga-
nisées que la vie de douze saints consacrée de
jour et de nuit à faire leur bonheur, ne suffirait pas à les rendre à peu près heureuses.

*
* *

On est mauvais par tempérament, par caractère, et presque toujours par défaut d'intelligence. On le devient par ambition et par
orgueil.

*
* *

Les malices, les méchancetés, les canaille-
ries tournent toujours contre ceux qui les
font.

*
* *

S'il y avait dans nos méchancetés une ombre, un soupçon d'intelligence et de liberté, la

méchanceté serait bannie du commerce des hommes.

*
* *

Même le méchant qui satisfait sa méchanceté, s'il y a du plaisir, n'est pas heureux ; et que de tourments avant et après !

*
* *

Mieux vaut encore être dupe de sa générosité que triomphant par sa méchanceté.

*
* *

On a beau s'élever haut par le crime, faire front à la haine, s'insurger contre le mépris..., on ne s'insurgerait point si l'on n'était touché ; et la blessure jusqu'à la mort saigne : les plus hauts honneurs ne la peuvent cicatriser.

*
* *

Qu'importe en vérité que vous soyez riche, glorieux, puissant, que même votre esprit soit grand, si votre âme est petite ! Un fléau pour les autres, il n'y aura point de bonheur pour vous.

*
* *

Le mépris ou la haine dont on entoure les méchants, les rend plus haineux et plus méprisables.

*
* *

La méchanceté des uns engendre celle des

autres ; et si les bons étaient toujours bons,
ils feraient le jeu des méchants.

*
* *

Il est utile qu'il y ait des méchants pour
démasquer d'autres méchants, qui sans eux
jouiraient en paix de leurs forfaits.

*
* *

C'est un bonheur pour certaines gens que
leurs vices les empêchent d'atteindre à la
richesse — qui les ferait plus vicieux.

*
* *

On dit assez justement que s'il est plus facile
d'être honnête quand on est riche, il l'est
moins d'être vertueux.

*
* *

Tel qui peut bien vivre dans la plénitude
de sa dignité, s'indigne que tel autre pour
vivre sacrifie une parcelle de la sienne. — La
dignité n'est un titre de gloire qu'à ceux qui
souffrent pour la garder.

*
* *

On est généralement plus jaloux de l'honneur d'autrui que du sien propre. C'est ainsi
qu'on se pardonne aisément à soi-même ses
défaillances, auxquelles on trouve mille excu-
ses. — Nous ne trouvons point d'excuse aux
défaillances des autres. — A les juger sévèrement nous nous faisons bien juger, mal juger

à les excuser : les sots vous croient tout de suite capables de la faute ou du forfait que vous cherchez seulement à expliquer. — C'est pourquoi nous avons l'indignation si facile.

*
* *

Lorsqu'il se produit un grand crime politique, la conscience universelle en est ébranlée ; et parmi tant de gens qui crient, s'agitent, s'indignent, combien en est-il qui se rendent compte que ces cris, cette agitation, cette indignation résultent non de leur volonté — ou c'est qu'ils ne sont pas sincères — mais de leur organisation ! de même que le crime a été chez son auteur la résultante d'un état d'esprit déterminé, dont il faut rechercher les causes dans l'hérédité et le milieu. — En dehors de la secte qui, ces crimes, les légitime, les plus indépendants les proclament au moins inutiles. — Pour nous, ils ne se produiraient point s'ils n'étaient nécessaires — nécessaires en tant que perpétration et nécessaires comme manifestation éclatante de la loi de *solidarité* au regard des victimes intéressantes et de la *loi morale* pour les autres — à l'évolution. Et c'est pour cela que nous faisons appel à des constitutions meilleures pour qu'avec leurs causes disparaissent les attentats politiques. — Du reste rien ne sert de se voiler la vérité : les attentats politiques, qu'ils viennent d'en haut, qu'ils viennent d'en bas,.

sont toujours bien vus, quand ils ne sont pas
exaltés, par ceux dont ils servent les haines ou
les intérêts.

*
* *

Si les justes n'avaient rien à redouter des
pervers, beaucoup s'en désintéresseraient.
C'est cette solidarité des méchants et des bons
qui oblige ceux-ci à s'occuper des premiers.
Ça n'a guère été jusqu'ici que pour les châ-
tier : traitement inefficace. Mieux inspirés, ils
s'occuperont de les amender.

*
* *

Il suffirait qu'il se constituât une majorité d'hommes justes et bons pour créer des
institutions qui, douces aux méchants même,
les rendraient inoffensifs. — La méchanceté
cuirait dans son jus.

*
* *

Rien n'est plus fâcheux que cette idée où
se complaisent certains honnêtes gens qui ont
bien fait leur chemin par les voies droites, et
par laquelle ils s'imaginent que tout le monde
le pourrait faire comme eux. — C'est cette
idée qui fait des meilleurs des êtres rétrogra-
des, au lieu qu'ôtez-la leur, ils seraient de
progrès.

*
* *

Pourquoi voudriez-vous qu'un homme fût
plus responsable de ses vices que des lignes

de son visage qui les décèlent et les trahissent ? Et où prendre le mérite de ses talents, de ses vertus dont son front, ses yeux, sa bouche, tout en lui révèle la présence ou l'éclat ?

* *

J'ai sans cesse à réagir contre cette tendance que je crois bien commune à tous mes congénères — à présenter les choses de manière à me donner un mérite que je n'ai pas.

* *

Le mérite, beaucoup croient qu'ils l'ont pour se l'être donné.

* *

L'homme continuera à se faire un mérite de tout, tant qu'il n'aura pas appris à ne se faire un mérite de rien.

* *

Quand vous avez justement dit d'un homme qu'il a de l'esprit, et d'un autre qu'il est un sot, vous avez constaté deux faits qui excluent, pour le premier comme pour le second, toute idée de mérite ou de démérite. Mais j'admire les bontés de la nature qui font que l'un est tout aussi content de sa sottise que l'autre de son esprit. — Je crois même que la nature a poussé plus loin l'esprit de justice, en ce qu'à celui-ci sont surtout les avantages, à celui-là le contentement.

* *

Il est bien rare qu'on ait assez d'esprit pour le considérer en toute modestie.

*
* *

Un sot ne peut être modeste : ses moindres saillies lui apparaissent un monument d'esprit.

*
* *

Les plus modestes ont bien de la peine à ramener à sa juste valeur le mérite de leurs actes — qui est en somme zéro.

*
* *

Plus le cerveau est vide, plus il y a de place pour la vanité. — Sans la vanité où serait pour les sots la compensation ?

*
* *

La vanité toute seule pousse aux cervelles creuses ; chez les hommes de mérite, la graine de vanité, c'est l'encens.

*
* *

Rien que le fait de parler à un homme de sa modestie, c'est éveiller sa vanité.

*
* *

A être modeste on se ménage la plus subtile des vanités : s'entendre dire qu'on l'est.

*
* *

J'ai rarement observé la vanité chez les jeunes enfants bien doués, — très fréquem-

ment au contraire chez les autres. Elle vient
aux premiers peu à peu, à force d'entendre
louer leur mérite ; elle s'exaspère chez les
seconds en raison même des humiliations
qu'on leur fait subir.

Dans l'éducation de l'enfant tout concourt à
exalter sa vanité. — Si l'enfant apprenait à ne
voir dans ses facultés que des dons naturels
dont il a les avantages sans le mérite, à cette
école les sots eux-mêmes apprendraient la
modestie.

Les actes ont leur valeur ; ils en témoignent
chez l'agent, mais l'agent lui-même les accomplit *impersonnellement.*

Comme on estime un arbre à ses fruits, ses
actes jugent l'homme, et rien de plus.

En tout organisme, en chaque circonstance,
la sensation, le désir, le geste, la parole ou
l'acte sont au bout.

Se faire valoir est une maladie endémique,
parce qu'elle satisfait la vanité et les intérêts,
— profondément contagieuse, en cela qu'on
se sent si petit aux yeux de ceux qui étalent

aux vôtres leurs talents. leurs mérites, quand on tait les siens. — Ceux-là, comment pourraient-ils croire qu'en ayant on n'eût rien à en dire ? Aussi même n'en ayant point est-on aisément porté à s'en donner.

⁂

Les Gascons seraient moins gascons sans les Marseillais ; et de proche en proche, jusque dans les pays du Nord, on trouve des Gascons.

⁂

Quand un homme vous a un long temps entretenu de ses travaux, de son savoir, de ses relations, de sa parenté, de sa fortune, il aura bien pu vous *raser*, mais quoi que vous en rabattiez, il en restera toujours dans votre esprit quelque chose qui n'y serait point, s'il n'eût rien dit : il n'aura pas perdu son temps.

⁂

Il est un autre art de se faire valoir, et qui coûte peu : c'est de renchérir sur le mérite de tous ceux qui s'en croient.

⁂

Prenez un air entendu pour suivre un raisonnement que vous ne comprenez pas ; ne cherchez pas même à comprendre ; approuvez seulement : on vous prendra pour très entendu.

⁂

Voulez-vous apprendre à connaître les hommes ? — Faites avec eux la bête !

**

On se livre rarement à un homme que l'on croit capable de vous juger selon votre mérite.

**

Nous apprécions plus chez les autres les qualités du cœur que celles de l'esprit : les premières nous profitent, les autres nous offusquent. — Pourtant les gens de cœur ont plus de cœur, quand ils ont plus d'esprit.

**

Il n'est rien de si difficile que de se faire pardonner son esprit. — Ceux-là même qui sur le coup vous applaudissent, à la réflexion vous en veulent.

**

C'est bien parce qu'on s'imagine qu'il y a du mérite à avoir de l'esprit qu'on le jalouse tant.

**

Les gens d'esprit, pour habiles qu'ils soient à démasquer les intrigants, ne laissent pas d'être leurs dupes. — Ceux-là exercent leur activité sur trop d'objets à la fois pour la fixer : où ils échouent, un simple imbécile, par la concentration et la continuité de l'effort, a plein succès, et juge témérairement de lui et des autres. — Mais l'homme d'esprit voit plus haut et plus loin, et il n'est pas rare qu'en fin de compte ce soit lui qui triomphe.

*
* *

Les sots qui par vanité veulent qu'on croie à leur mérite, restent sots. Cependant rendons-leur cette justice que pour justifier aux yeux des autres le mérite qu'ils se donnent, il leur arrive de se surpasser souvent. En faut-il conclure que tout est bon en l'homme, même la vanité, et qu'il n'y a de mauvais que la société qui ne sait pas utiliser nos facultés en les réglant ? — La thèse peut se défendre.

*
* *

Quand l'homme aura chassé la vanité, ce qu'il fait pour la galerie, il le fera pour lui-même, pour l'estime. Ce qu'ainsi peut-être la société perdra en quantité, elle le rattrapera en qualité ; et l'individu en repos, en tranquillité, en bonheur y gagnera.

*
* *

La vanité, comme l'appât du gain, ont été dans le passé, sont encore dans le présent, pour l'activité humaine, de puissants leviers, mais sans frein. Ils ont fait du bien et du mal, beaucoup plus de bien que de mal, car ils ont été les auxiliaires indispensables du progrès sous toutes ses formes, et, tant qu'ils seront utiles, ils subsisteront. — Mais de même que dans les espèces les organes inutiles ou sans emploi s'atrophient pour à la longue disparaître, l'homme s'en délivrera quand ils auront perdu leur utilité, leur raison d'être.

*
* *

A bien examiner les choses, le bien comme le mal, le juste et l'injuste, l'amour et la haine, la paix et la guerre, la dissipation et l'avarice, l'opulence comme la misère, tout concourt au progrès universel.

*
* *

Il y a un proverbe qui dit : Il ne faut pas aller plus vite que les violons. — On ne peut aller plus vite au progrès que les esprits ne le comportent.

*
* *

Longtemps avant de passer dans le domaine des faits, les questions s'agitent dans le monde de la spéculation.

*
* *

Quand l'esprit public est mûr pour une réforme politique ou sociale, elle s'accomplit toujours.

*
* *

Rien ne sert de devancer les temps : à cueillir le fruit avant sa maturité, il se dessèche. Pour la floraison il faut un nouveau printemps, — et pour la moisson, une nouvelle automne.

*
* *

Si condamnables que soient certains préjugés, il y a souvent plus de mal à les heurter qu'à les subir. Et travailler à les détruire n'est pas nécessairement s'en affranchir.

*
* *

Contester à un homme le mérite de son talent ou de son esprit, ce n'est pas les lui ôter; mais on les lui reconnaîtra bien mieux, quand il aura cessé lui-même de s'en faire un mérite personnel. Ce n'est qu'à ce prix que l'envie se taira, et l'homme de talent ou d'esprit, en considération, en estime, ne pourra qu'y gagner.

*
* *

Pour qu'on nous fasse un mérite de nos qualités de talent ou d'esprit, nous sommes bien obligés de reconnaître que les autres en peuvent avoir pour les leurs, mais nous leur en accordons rarement.

*
* *

Dans le milieu où nous vivons, en dépit de quelques flatteries intéressées, nous sommes presque toujours seuls à nous croire du mérite. A quoi cela nous sert-il ? — A nous rendre aux yeux des autres prétentieux ou ridicules, et à nous faire perdre les bénéfices du peu de mérite qu'on serait disposé à nous reconnaître.

*
* *

Dans l'ordre moral, nous sacrifions d'autant plus allègrement au devoir que nous y percevons un plus grand intérêt.

*
* *

Qui sacrifie l'intérêt au devoir le fait avec d'autant moins de mérite qu'il y apporte moins de résistance ; et il n'a plus aucun mérite, quand il l'accomplit sans hésitation comme sans regrets, quoi qu'il arrive : c'est la beauté morale dans son plein.

*
* *

Plus vous serez juste naturellement, moins à l'être vous aurez de mérite, mais plus vous serez estimable.

*
* *

Quand les hommes se connaîtront bien, ils se refuseront absolument à ce qu'on leur fasse un mérite de quelque chose, de peur qu'ainsi on les abaisse. — Il n'y aura en fait qu'un déplacement d'amour-propre. — Déjà j'ai bien remarqué qu'il n'y a plus guère que les gens de peu de mérite qui fassent état de leur mérite.

*
* *

N'avez-vous point observé que, lorsqu'on
veut diminuer un homme qui s'est élevé par
son talent ou son esprit, on dit hypocritement
de lui qu'il a beaucoup ou tant travaillé?

*
* *

Tel qui doit tout au hasard, aux circonstances, à l'inspiration, aime à se donner des
airs d'homme qui a beaucoup travaillé.

*
* *

Tout comme le talent ou l'esprit, la faculté
de travail est un fait de nature et non point
de volonté; et comme de la puissance de travail nous héritons de la facilité.

*
* *

Il est bien rare qu'en rendant hommage au
talent, à l'esprit d'un homme, on n'y ajoute
une réflexion, une restriction qui les diminue.
— Mais on relève dans les œuvres des morts
jusqu'à des beautés qui n'y sont point, ou que
l'auteur n'avait pas vues. On se fait alors un
mérite de sa perspicacité.

*
* *

Le sot et l'homme d'esprit, parmi tant de
choses qui les distinguent, ont ce côté commun que leur répugnance est égale à reconnaître, l'un qu'un homme doit tout son esprit,
l'autre que son esprit ne lui doit rien.

*
* *

En France le talent et l'esprit sont étiquetés, classés, timbrés, cachetés, mis en bouteilles dans un certain nombre de chapelles, en dehors desquelles il n'y a ni esprit ni talent. Mais aussi, comme ces chapelles sont nombreuses, nous avons beaucoup de talent et d'esprit — en France.

*
* *

Je me suis laissé dire que pour avoir la valeur d'un talent, d'un esprit français, il faut passer en Amérique.

*
* *

Comment voudriez-vous que fussent avec moi tant de gens, férus de leur mérite, quand il leur faudrait pour l'être convenir de la vanité de leur mérite ! Mais il leur sera toujours bien plus aisé de me traiter par le dédain que de me combattre.

*
* *

Nous devons tout à l'hérédité, à l'éducation, à nos semblables. — Et ce que je dois à mon travail, à mon activité, à mes efforts, direz-vous ? — Oui, mais la cause de ce travail, de cette activité, de ces efforts, cherchez-la : vous la trouverez en vous, et vous ne l'y avez point mise, — ou c'est la société qui l'a fait naître.

*
* *

C'est la vanité des grands qui leur vaut le

dénigrement des jaloux. Et si par hasard ils ont quelques velléités de modestie, comment résisterait-elle à l'encens des flatteurs ?

*
* *

On ne flatte point par goût, mais par intérêt. Fille de l'intérêt, la flatterie ne vit que par lui. Supprimer le père, c'est tuer la fille.

*
* *

Je ne crois pas qu'il faille condamner le louange délicate et sincère, quand celui qui en est l'objet la reçoit en toute modestie.

*
* *

L'orgueil, quand il sait ne pas trop se montrer, devient une qualité réelle. C'est par orgueil que certains sont sortis de la fange où ils sont nés ; c'est l'orgueil qui empêche beaucoup d'y tomber.

*
* *

Il y a un certain orgueil si proche du respect de soi-même qu'il n'exclut pas la modestie.

*
* *

L'éloge est un encouragement au bien et peut sauver du découragement. Il a sa place marquée dans l'éducation et dans la société ; et il n'offrira plus que des avantages, quand chacun sera bien pénétré de son *impersonnalité.*

*
* *

Par l'impersonnalité tout s'explique : c'est

l'homme rentrant dans le cadre de l'ordre universel, d'où l'ont fait sortir son ignorance et sa vanité.

*
* *

Ce qui nous donne l'illusion de la personnalité, c'est que la volonté n'intervient pas seulement pour à l'ordinaire régler notre conduite, mais encore qu'elle est efficace pour combattre, annihiler certains penchants ; mais c'est toujours avec une partie de soi qu'on corrige l'autre — pour son plus grand bien.

*
* *

Daignez faire un simple retour sur vous-même. Comme votre visage vous tenez de la nature — en germe — votre talent ou votre esprit. Et quant à vos qualités morales, pourriez-vous croire que vous les avez faites ? — Non, mais perfectionnées, direz-vous. — Perfectionnées, avec quoi ? — Ma volonté. — Mais votre volonté, où la puisez-vous ? — En moi. — En vous, qui l'y a mise ? Pas vous assurément. Et, de même que vos autres dons, pensez-vous l'avoir jamais exercée pour autre chose que ce qui vous a paru répondre à votre plus grand bien ou votre moindre mal ? Et cette conception de votre plus grand bien ou de votre moindre mal, d'où la tirez-vous ? De votre intelligence, de votre raison. Cette intelligence, cette raison, qui vous les a données, sinon la nature, ou, si vous le préférez,

Dieu ? Qui les a ornées, éclairées, ou faussées,
sinon vos semblables? Qui vous fournit les
occasions de les utiliser, sinon la société?
C'est toujours avec ce que vous tenez de la
nature ou que vous avez reçu des hommes que
vous améliorez votre talent, votre esprit, votre
cœur; et c'est le milieu où vous vivez qui, en
les rendant utiles à vous-même et aux autres,
vous porte à les développer, vous permet d'en
jouir ou veut que vous en souffriez. — *Impersonnalité*, [*Egoïsme*, *Solidarité*, trois points
d'un cercle dont on ne peut sortir sans bri-
sure, c'est-à-dire sans quitter le domaine du
vrai. Et comment pourrions-nous arguer du
mérite des faits, quand nous ne sommes pour
rien dans leurs causes!

*
* *

Que si l'homme n'a le mérite ni de son
esprit, ni de son talent, ni de ses vertus, ni
de ses bonnes œuvres, comment lui faire justement un démérite de sa sottise, de son ignorance, de ses vices, de ses mauvaises actions!
En faut-il conclure qu'il faut tout lui pardonner? — En raison, oui; en fait, non. — Chaque individu a le droit d'être protégé dans sa
vie, dans son honneur, dans sa liberté, comme
aussi dans ses biens, tant que la propriété
individuelle restera à la base de la société.
C'est ainsi qu'il faut une sanction au mal
pour l'enrayer, car la sanction modifie la cir-

constance, et sans donner à l'homme un atome, en plus ou en moins, de liberté, elle tend à l'éloigner du mal à faire en déplaçant le pivot de son intérêt. Ainsi se justifie la sanction pénale. Mais six mille ans et plus d'expérience témoignent combien cette sanction, si sévère qu'on la fasse, est impuissante contre le mal, tant qu'il est possible. Et il est pourtant nécessaire que les choses soient ainsi, pour que disparaissent le mal et les méchants par le seul fait des institutions et des mœurs. — Ce qu'il faut, en effet, à l'homme pour bien agir, ce n'est pas seulement l'intérêt, le désir, la volonté, ce sont des circonstances, des milieux favorables. — Ces circonstances, ces milieux, tout le monde est intéressé à les faire naître, puisque le mal, non sans dommage pour eux-mêmes, ce sont les méchants, les pervers qui le font, et les bons et les justes qui le souffrent.

*
* *

Si la solidarité règne entre les hommes, — et le fait n'est pas douteux, — l'égoïsme individuel, par lequel chacun se trouve intéressé à s'améliorer soi-même et à améliorer ses semblables et la société, est la condition nécessaire et suffisante du progrès universel ; et si l'homme est d'essence égoïste, le motif déterminant de tous ses actes est nécessairement ce qu'il croit être son plus grand bien ou

son moindre mal ; la nature de ce plus grand
bien ou de ce moindre mal tient à son organisation, aux circonstances, au milieu ; et leur conception, à son intelligence, à sa raison telles
que les ont faites la nature et l'éducation, — en
sorte que si simple ou si compliqué que soit
le cas où un homme a une détermination à
prendre, il la prend *impersonnellement :* il est
lui-même en tout *impersonnel et irresponsable.*
Cette vérité connue et acceptée, sans se glorifier de ses talents ou de ses vertus, on cher-
chera à les accroître. On ne rougira plus même
de ses vices: on les confessera pour s'en
guérir.

*
* *

Le climat, le vent, la pluie, l'air, l'alimen-
tation — tout l'héritage ancestral — l'action
incessante des autres sur nous-mêmes — font
de chaque individu un centre en lequel et
autour duquel s'agitent mille faits qui l'inspirent, le poussent, le conduisent, l'élèvent,
l'abaissent, l'annihilent, si bien que dans ses
bonnes comme dans ses moindres actions, il
a pour auxiliaires ou complices tout le passé,
tout le présent, la Nature tout entière.

*
* *

C'est dans la vie des grands hommes et
l'observation des petits hommes dont je suis,
au milieu desquels j'ai vécu, que j'ai appris la
philosophie. — De tout ce que les uns et les

autres ont fait de grand, de mauvais ou de bon, j'ai trouvé la raison et les causes dans leur organisation, les circonstances et le milieu. Mes observations sur moi-même ont pleinement confirmé ce que j'ai observé chez les autres, et c'est ainsi que j'ai acquis la notion de l'homme *impersonnel*.

III

Il y a dans le vouloir et le non vouloir une
infinité de degrés, en sorte que nous faisons
couramment des choses en les voulant, sans
les vouloir absolument, comme il en est d'autres que nous voulons et ne faisons pas, et
combien que nous faisons sans les vouloir ! Et
entre le vouloir faible et le non vouloir fort,
s'il y a un abîme, une ligne imperceptible
sépare le vouloir violent du non vouloir faible.
— La jeune fille chaste ne veut pas se donner
à l'amant, mais elle le veut tant, ou tout son
être le veut pour elle.

*
* *

Le vouloir et le non vouloir en bien des
cas sont comme deux poids égaux dans la
balance, que le moindre souffle fait pencher
d'un côté ou de l'autre. C'est alors le hasard,
l'imprévu qui décide. Et dans tous les actes
où le sentiment, la passion domine, c'est
presque toujours ce que l'on ne veut pas qu'on
fait, ou, à une minute d'intervalle, on veut
ou l'on ne veut plus. — Une inspiration mal-

heureuse, un moment d'égarement ou de faiblesse, une rencontre fâcheuse décident parfois de la vie d'un homme. Et dans tout cela,
je vous le demande, où se cache la liberté ?
où trouvez-vous la responsabilité ?

*
* *

L'on croit agir par mouvement volontaire,
quand ce n'est qu'un ressort qui vous pousse.

*
* *

On sent, on comprend : on veut selon qu'on
a senti ou compris ; mais on sent, on comprend — non comme on veut — comme on
peut.

*
* *

Quand nos intérêts, nos passions sont gra-
vement engagés, il nous arrive de prendre
vingt résolutions contradictoires ; et comme
en fin de compte il faut bien faire un choix,
nous prenons un parti qui n'est en général
tout à fait ni celui que nous aurions pris hier,
ni celui que nous prendrions demain. Les
choses tournent-elles à notre avantage ! nous
nous louons de notre sagacité, de notre
sagesse. Dans le cas contraire, nous avons des
regrets, des remords. Cela prouve-t-il la liberté
du choix ? Non, mais seulement la mobilité
de notre esprit. — Les plus impulsifs sont les
moins instables.

*
* *

C'est parmi les impulsifs de génie qu'on trouve les grands pasteurs d'hommes.

*
* *

Où le sage est hésitant, l'impulsif d'un trait tranche — pour le mal public et le sien, quand il manque de coup d'œil — pour son bien et celui des autres, quand le génie l'inspire.

*
* *

Les hommes qui, spontanément, volent au secours de la justice, ne sont en fait que des impulsifs, à qui la nature a fait un cœur chaud et droit.

*
* *

Peu s'imaginent tout ce qu'il faut de courage à certains hommes pour accomplir les choses qui en demandent le moins.

*
* *

Le fait de prendre une résolution un peu grave nous montre, dans les alternances de la volonté, le néant du libre arbitre.

*
* *

Nous avons tous l'esprit bourré de bons préceptes, et le cœur de bonnes intentions. Au moment d'agir il n'y a plus rien. Pourquoi, si l'homme est libre ?

*
* *

L'homme ne trouve pas seulement en lui-

même des obstacles à son désir vrai : la société
lui en crée mille autres.

*
* *

La société ne devrait pas seulement favoriser les bonnes intentions, mais opposer aux
mauvaises des barrières infranchissables.

*
* *

Un temps viendra où il paraîtra tout aussi
oiseux de discuter le libre arbitre que la révé-
lation. — D'ailleurs le libre arbitre est incom-
patible avec la loi de l'évolution, puisqu'il
pourrait l'arrêter, comme aussi avec le principe de causalité, puisque, si l'homme n'est
pas déterminé, il peut agir sans cause.

*
* *

Comme toutes les prétendues révélations
ont eu leur utilité, leur raison d'être, je
cherche à pénétrer si cette erreur du libre
arbitre, qui fut celle des temps passés, qui
est la nôtre, a été, est encore plus nuisible
qu'utile. — L'irresponsabilité morale recon-
nue, acceptée, comporte de telles conséquences dans l'organisation sociale qu'elle a dû
nécessairement être écartée dans le passé, en
admettant même que quelques hommes en
aient eu la perception bien nette, comme elle
continuera à l'être dans l'avenir, tant que l'esprit public ne sera pas mûr pour ces conséquences. Mais il appartient d'ores et déjà à

l'élite intellectuelle de préparer, de réaliser telles conditions de vie où elle puisse être proclamée pour le moindre mal de chacun et le plus grand bien de tous. — A mesure, en effet, que cette croyance en l'irresponsabilité morale gagne du terrain, l'opinion publique se montre moins sévère, le cœur du juge devient plus accessible à la pitié, la répression se fait plus douce, et toutes les balances de l'ancienne justice s'en trouvent singulièrement faussées. Si donc à cet état d'esprit ne viennent se joindre de meilleures institutions, le crime ira toujours grandissant. Pour que le crime diminue, il faut à la masse des conditions d'existence d'autant meilleures que plus l'on cultive son esprit. Car, sentant plus vivement sa souffrance, en comprenant mieux l'injustice, elle est moins portée à la résignation, et d'autant moins recule devant la violence pour s'en affranchir.

*
* *

L'instruction, et particulièrement l'instruction laïque, fait aisément du déclassé un révolté, un criminel. Mais l'instruction laïque est nécessaire à l'affranchissement de l'esprit humain ; et le déclassé, par le mal qu'il fait à sa famille, à ses concitoyens, à l'Etat, devient un facteur important du progrès social, en ce qu'il y intéresse davantage tous les autres.

*
* *

S'il est vrai qu'il n'est point possible plus vite que leur esprit de faire avancer les peuples dans la voie du progrès, il ne l'est pas moins qu'il faut des institutions appropriées non seulement aux besoins mais aux idées.

* *

Tout jugement porté sur les hommes et les choses est faussé dans son principe, dès qu'on y fait entrer ce facteur : la responsabilité morale. — Ainsi des hommes disputent sans jamais s'entendre, parce qu'il entre dans toute leur argumentation une irréalité.

* *

Le fait de se croire libre ne demande aucune faculté d'analyse. Tout le troupeau humain se croit libre. — Les esprits moyens estiment que de la liberté, il faut en prendre et en laisser. Des esprits trop subtils ont cru la voir où elle n'est pas. Seuls quelques cerveaux plus spécialement organisés à cet effet ont pu pénétrer l'homme — *pleinement déterminé.*

* *

Le chien que vous bâtonnez pour un rôti dérobé, la pensée ne lui vient point qu'il ne l'a pas dérobé librement ; et celui que vous caressez, pour un gibier rapporté, a sûrement l'idée qu'il y a du mérite.

* *

L'idée du mérite et de la liberté, par laquelle

l'homme a cru s'éloigner de l'animal, en réalité l'en rapproche.

* *

Non plus que le chien, le singe ou le chacal, l'homme ne jouit de la liberté morale : d'où pour lui l'absence de mérite ou de démérite moral ; et le savoir constitue sur eux sa véritable supériorité.

* *

La liberté morale implique la liberté du mal. Et si elle a l'avantage de justifier le châtiment par la responsabilité morale, elle ne fait rien pour le prévenir.

* *

Le principe de l'irresponsabilité morale étant admis, naît pour la société l'obligation, le devoir d'éviter à l'homme la tentation pour lui épargner le châtiment — devoir doublé d'un intérêt.

* *

La liberté d'un homme se mesure, d'une part, à sa force de résistance à ses appétits, à ses penchants naturels, en vue d'un mal à éviter ou d'un bien à poursuivre ; d'autre part, à sa puissance d'activité pour l'acquisition de ce bien. — En quoi il se distingue de l'animal par plus d'aptitudes à le voir et le saisir.

* *

L'individu ne peut pas être rendu responsable des vices de son organisation. Il n'est donc pas juste qu'il en porte seul la peine ; et c'est bien parce qu'injustement nous voudrions qu'il en fût seul puni, qu'inconsciemment il se révolte contre cette injustice, et que tant de maux naissent d'imperfections en elles-mêmes inoffensives.

*
* *

Combien a-t-il fallu de siècles pour qu'on s'avisât de ne plus imputer à crime à un homme sa laideur, ses infirmités physiques, sa race, sa naissance, son nom, et la cause est loin d'être partout gagnée ! — Et si peu savent se montrer indulgents pour les infirmités intellectuelles qu'on ne saurait être surpris de la férocité des « honnêtes gens » pour les infirmités morales.

*
* *

Ses sensations, ses impressions poussent l'homme à agir ; sa raison, ses connaissances l'incitent ou le modèrent. Qu'il agisse ou qu'il s'abstienne, c'est en vue de son plus grand bien ou de son moindre mal. — Pour ce plus grand bien ou ce moindre mal il n'y a pas de commune mesure, parce qu'il n'y a pas deux hommes pareils. — Même deux hommes d'esprit égal, dans le même milieu, dans les mêmes circonstances, produiraient des actes différents en raison de leur différence de sensibilité.

⁎

Si la volonté n'est pas capable de nous faire bien raisonner, bien penser, et la preuve en est faite, comment suffirait-elle à nous faire bien agir ?

⁎

Que si délibérément, volontairement, librement vous avez donné un soufflet à un homme, vous n'en avez pas moins été *déterminé* par les motifs qui ont agi sur votre décision, conduit votre volonté, fixé votre liberté.

⁎

Paul a tué Pierre — en raison équivaut à : *Il a été tué Pierre par Paul.* L'action est aussi *impersonnelle* que dans : *Il pleut, il grêle, il neige.* Les causes du premier fait sont tout entières dans la nature de Paul et les circonstances qui ont fatalement produit le meurtre, — de même que dans telles conditions atmosphériques, il doit nécessairement tomber de la pluie, de la grêle ou de la neige.

⁎

L'homme a été longtemps à acquérir l'idée de l'action *impersonnelle.* D'où la naissance des dieux, à qui l'on a fait remonter la cause de tous les phénomènes inexpliqués. La théorie du *libre arbitre* ne suffisant pas à expli-

quer, aux yeux même de ses défenseurs, certains actes de l'homme, on a imaginé la *grâce
de Dieu.* — La cause de tous nos actes est dans
les ressorts mystérieux qui se cachent au fond
de l'âme humaine concurremment avec les
forces qui s'agitent autour de nous dans le
monde physique comme dans le monde moral.
Tout acte est un résultat comme le vent, la
pluie, la grêle. Tout se produit *impersonnellement.*

**

Entre un homme bien équilibré et un esprit
exalté il y a cette différence qu'habituellement l'un n'agit que par mouvement volontaire, et l'autre par impulsion. Auteurs du
même délit, suivant les circonstances qui l'auront provoqué, c'est l'un ou l'autre qui apparaîtra coupable plus ou moins. Et pour les
juger il ne se trouvera pas deux hommes pour
tomber pleinement d'accord sur leur degré de
culpabilité, non plus que sur la peine à leur
infliger.

**

L'homme qui frappe par impulsion devrait
être indemne de châtiment, parce qu'il n'y a en
lui ni délibération, ni volonté, ni liberté, —
si la peine ne devait l'amener à faire de salu-
taires réflexions capables à l'occasion de réagir contre son organisme. La seule crainte de
la peine agit incessamment sur les impulsifs

et les modère. C'est ainsi qu'en l'absence de
toute responsabilité morale, — nous ne parlons pas des déments qui sont hors cause, —
la responsabilité sociale s'impose.

*
* *

Seul est réellement déterminé celui qui
agit de propos délibéré. Mais par le seul
fait qu'il est déterminé, il ne peut y avoir
dans son cas de responsabilité morale. Sa responsabilité sociale se mesurera à la légitimité
des motifs de son acte au regard de la raison
humaine en droit, — en fait de la raison de
ses juges.

*
* *

Toute idée nouvelle qui s'implante dans
notre cerveau améliore ou détériore la machine : elle nous rend plus accessibles à la
joie, plus résistants à la souffrance, ou le contraire ; elle nous fait produire des actes différents — meilleurs ou pires ; mais cela ne
change rien à la nature *impersonnelle* de
l'homme, car on n'implante en soi que les
idées qu'on peut.

*
* *

La volonté que l'on a prise de réagir contre
certains maux fait qu'on les sent moins. Il
peut même arriver qu'on ne les sente plus.
Mais jusque dans cette prise de volonté on est
déterminé.

*
* *

On peut être déterminé de bien des façons
— par son tempérament, par son caractère,
en dehors de toute volonté — par un besoin
impérieux à satisfaire en lequel momentanément vient se concentrer tout le vouloir —
par un concours de circonstances où votre
vouloir est à merci, et par maintes autres causes subies et non voulues.

*
* *

Que si l'on agit de propos délibéré, de
plein gré, on ne laisse pas d'être déterminé
par sa raison qui est ce qu'elle est et non ce
qu'on veut.

*
* *

Les âmes les plus fortement trempées ose-
raient-elles affirmer qu'elles ont toujours eu
leur raison pour guide ? On peut s'être tracé
une ligne de conduite — pour laquelle on a
été déterminé — et s'y conformer habituellement. Mais s'y conformât-on toujours que le
déterminisme ne s'en retrouverait pas moins
à la base.

*
* *

De ce qu'un homme est susceptible de se
faire une moralité plus haute, il ne faut pas
déduire qu'il se la peut faire à volonté. — Il y
a pour chacun un degré de moralité qu'il peut
atteindre, les circonstances étant favorables,
mais qu'il ne peut dépasser. Ce degré est très

bas ou très haut selon les aptitudes du sujet
au bien ou au mal, aptitudes qu'il a apportées
en naissant, et dont l'hérédité seule est responsable.

*
* *

Quand je me détermine, c'est que je suis
déterminé. — Je ne fais que ce que je veux,
dira tel homme fort. — Oui, mais, ô homme
fort, vous ne voulez que ce que vous pouvez
vouloir. Essayez donc de vouloir vous jeter
par la fenêtre ! Et si vous le voulez, c'est que
vous aurez été déterminé à le vouloir. Vous ne
l'aurez point voulu librement.

*
* *

A tout effet il y a une cause : dans les actes
humains, comme dans ceux de tout être organisé, cette cause est non dans la liberté, mais
dans l'organisme.

*
* *

Né de l'idée de liberté le mérite engendre
la vanité.

*
* *

La responsabilité sociale pour être imposée,
acceptée n'a nul besoin d'être justifiée en raison ni même en droit : il suffit qu'elle le soit
en fait. Or en fait, elle l'est, en ce qu'imposée
elle agit sur l'individu pour le contenir, l'améliorer, — qu'acceptée elle l'élève en dignité :
on s'observe, on se respecte, on s'estime plus

soi-même quand on s'est fait une loi de reven-
diquer la responsabilité de tous ses actes.
Mais jusque dans cette revendication on ne
laisse pas d'être *déterminé*. — Le but de l'éducation est tout entier d'amener l'homme à ne
se déterminer que pour le *bien par intérêt*,
et le rôle de la société de lui en faciliter les
moyens. Mais tant que cet intérêt ne sera pas
visible, palpable, immédiat, la foule ne se dé-
terminera que pour son bien apparent ou réel;
et tant que l'homme sera attiré par la possibilité du mal, il ne laissera pas d'y tomber.

*
* *

Rien ne sert de dire à un homme, pour se
mieux donner le droit de le punir, qu'il est
responsable quand il ne l'est pas. Il suffit de
le mettre en présence du délit ou du forfait
dont il a à répondre. Tout châtiment sera
juste en fait, qui sera proportionné à la perversité du coupable, à l'effet moral à produire
sur les autres, et surtout aux avantages que
l'impunité eût pu lui assurer. Quelque chemin détourné que l'on prenne pour arriver à
cette fin nécessaire, il n'y aura rien de changé
en fait ; mais par l'hypocrisie qu'on y met,
on dégrade le juge qui se retranche derrière
le mensonge par peur de la vérité.

*
* *

Du moment que tout le monde est d'accord,
individuellement et collectivement, pour re-

connaître l'utilité, la nécessité de la responsabilité sociale, elle est hors de dispute, hors
de cause. Mais l'irresponsabilité morale re-
connue, proclamée, acceptée, c'est à brève
échéance la fin des haines, parce que sans raison d'être : on ne hait point le chien qui vous
a mordu, non plus qu'on n'en veut au cheval
qui vous a frappé du pied. Cependant il est
constant que si impulsifs, si irresponsables
qu'ils soient, le châtiment ne laisse pas d'agir
sur eux. — Le sentiment de l'irresponsabilité
morale chez autrui, c'est le frein salutaire aux
réactions violentes qui incessamment s'engendrent les unes des autres ; c'est la mesure dans
la justice ; c'est un généreux souffle de bienveillance passant à travers l'âme des foules :
c'est l'*esprit nouveau* — précurseur d'union,
de concorde et de fraternité.

*

La volonté n'est ni fixe ni une. Il y a une
hiérarchie des volontés, très rudimentaire
chez l'homme primitif où les plus hauts vouloir ne laissent pas d'être rampants, — très
compliquée au contraire chez l'homme de
grande culture, où s'étagent les vouloir bas,
les vouloir moyens, les vouloir élevés, qui
alternativement le dominent et le font agir,
— à moins d'une valeur morale très haute, où
les vouloir élevés priment les autres, les annihilent, les détruisent : c'est l'homme dans le

plein épanouissement de la force et de la beauté morales ; c'est le type parfait vers lequel lentement l'humanité s'achemine, en lequel sa destinée s'achèvera, quand, les rivalités de classe, les luttes fratricides étant éteintes, le dernier de la hiérarchie sociale en dignité, en considération, en estime, sera fait l'égal du plus grand, quand du haut en bas de l'échelle la *loi morale* enfin conquise sera devenue la loi commune, quand le Bien avec l'Egalité régnera.

*
* *

Il est plus facile de voir le bien que de le faire, comme de faire de bonnes lois que de se bien conduire. — L'homme, pour suivre la voie droite, a besoin de plus compter sur les institutions que sur lui-même.

*
* *

Nos lois sont humaines ou inhumaines, libérales ou tyranniques, suivant l'esprit de qui les interprète, et selon qu'on les interprète pour tel ou contre tel.

*
* *

Nos lois sont une longue et savante réglementation des conditions dans lesquelles il est licite de piller, de voler, de violer, de calomnier, de torturer, d'assassiner. Et la marge est telle qu'un parfait gredin y peut évoluer en parfait galant homme : c'est le triomphe de l'individualisme.

.•.

« Jugé par ses pairs. » — On n'est jamais plus mal jugé que par ses pairs : toujours absous, s'ils partagent vos opinions, sinon — non.

.•.

Absous ou condamné par ses pairs ne signifie pas autre chose qu'ils sont ou non de cœur avec vous.

.•.

Un jury de voleurs acquitterait tous les voleurs, à moins qu'il ne fût composé de voleurs honteux. — Il y a plus de gens qu'on croit honteux de leur opinion, et ça n'est pas toujours un mal.

.•.

Un acquittement du jury, en matière criminelle, quand le fait est patent, indique seulement qu'en pareille occurrence la majorité des jurés eût agi pareil, mais il ne prouve aucunement que vous ayez bien agi.

.•.

En matière politique un jugement du jury ne satisfait jamais qu'une partie de l'opinion, et rien ne prouve que les non satisfaits aient tort. — Un parti vous élève, un autre vous abaisse.

*
* *

L'institution du jury est excellente en ce qu'elle est un moyen de sonder l'opinion, et de constater presque sûrement les progrès ou les reculs qui s'opèrent dans les idées et les mœurs. — Ses décisions sont la leçon des gouvernants.

*
* *

Nous assistons à une explosion de pensée libre qui n'a eu son précédent dans l'histoire de l'humanité qu'au xviiie siècle. — Les mêmes causes produiront les mêmes effets.

*
* *

Au point de vue chrétien je ne puis qu'approuver chez les gens d'église cette solidarité jusque dans le crime — qui les pousse à défendre, quelle que soit sa faute, l'un des leurs contre la société civile, qu'ils subissent sans la reconnaître. — Le prêtre ou le moine, par le célibat, ses lectures, sa façon de vivre, est tout préparé au détraquement cérébral comme aux pires luxures. C'est l'institution qui les a reçus qui les perd : elle se doit de les sauver. — Je ne désapprouve que la société civile de tolérer l'institution.

*
* *

Quel contraste avec la société civile ! Là un

homme est vil, méprisable ; chacun le sait, même inconsciemment il s'en vante. Il vit d'escroqueries plus ou moins déguisées ; ou ses mœurs sont infâmes. Qu'importe ! S'il est riche ou puissant, on le recherche, on l'entoure, on l'encense — jusqu'à ce que les gendarmes lui aient mis la main dessus ; c'est alors le lâchage universel ; personne ne veut plus l'avoir connu. Vaut-il donc moins aujourd'hui qu'hier ? Non, mais c'est un homme tombé. — C'est la prison qui y fait la honte, et non l'indignité.

*
* *

Dans tout Etat organisé, l'homme ne pouvant pas faire le mal sans se nuire à lui-même et aux autres a d'autant moins le droit de leur dire : Ma conduite ne vous regarde pas. — La collectivité a non seulement le droit, mais le devoir, tant pour elle que pour eux, de créer telles conditions de vie où le méchant ne puisse pas plus satisfaire sa méchanceté que le vicieux contenter ses vices.

*
* *

Les choses étant ainsi, les maux qui pourraient encore surgir des imperfections individuelles, au lieu de peser lourdement sur un seul ou quelques-uns, répartis sur la collectivité, seraient rendus pour chacun presque insensibles.

*
* *

Il est peu ou point de maux qui ne puissent être conjurés par une collectivité prévoyante, — ou, le cas échéant, tellement atténués en leurs effets que nul n'eût sérieusement à en souffrir.

*
* *

Nous héritons des tares de nos parents : il n'est qu'équitable que nous héritions de leur fortune. Mais qu'il serait meilleur et plus juste que la société prît à son compte toutes les tares et toutes les fortunes !

*
* *

L'homme qui cultive le vice l'aime en lui ; mais il ne laisse pas de le détester chez les autres, surtout chez ses enfants. Comment celui-là même n'est-il pas avec nous pour les en sauver !

*
* *

Tant que le mal sera possible, il se trouvera des êtres pour le faire, — d'autres pour le subir. La sanction pénale est le contrepoids nécessaire, mais insuffisant.

*
* *

C'est à mesure que se feront meilleures les institutions et les mœurs que se pourra faire fléchir davantage la responsabilité matérielle.

*
* *

Les sanctions matérielles ou morales sont

comme le frein d'une machine, qui la modère
et la règle. — La sanction morale, inexistante
à l'origine de l'humanité, est la résultante du
perfectionnement de la machine humaine.
Elle fait partie intégrante de la machine. Elle
peut suffire aux sujets bien perfectionnés,
mais elle est de nul effet chez les êtres inférieurs, en qui elle n'existe pas ou n'est qu'à
l'état latent.

* *
*

Transportez un homme de moralité moyenne
dans un milieu où il ne sentira plus la contrainte des lois, des usages, des mœurs qui ont
jusqu'ici pesé sur sa conduite, la machine se
détériore plus ou moins vite, sa moralité
baisse. A la longue il pourra devenir un être
très immoral, et finir par trouver toute naturelle son immoralité. Le remords n'aura point
de prise sur lui.

* *
*

Il y a des âmes droites mais faibles qui,
voulant le bien, font le mal. Celles-là sont
accessibles au remords. Mais qu'est ce remords
sinon le sentiment douloureux de leur déchéance ! Chez les meilleurs le remords n'est
qu'une blessure d'égoïsme.

* *
*

Il y a aussi le remords qui se manifeste sous
la forme de hantise du crime commis, de

vision horrible qui vous poursuit et qu'on ne peut chasser. Mais c'est là un phénomène purement imaginatif ou maladif, puisque cette vision, cette hantise peut se produire avec la même intensité pour des scènes de meurtre dont on n'a été que le témoin, ou encore la victime survivante, — et que certains criminels en sont exempts.

Notons encore cette forme du remords, qui pousse le coupable à se chercher un confident de son crime. Mais le même fait se reproduit pour toutes nos impressions fortes, qu'elles participent de la haine ou de l'amour, de la crainte ou de l'espoir. Le besoin de se communiquer est naturel. Bien peu y échappent. Il n'y a encore là que des satisfactions ou des souffrances d'égoïsme, — nulle trace de remords moral.

Il y a enfin le remords superstitieux : on craint que le mal commis ne porte malheur ; et cette crainte en retient beaucoup de mal faire. — Tant qu'on n'aura pas fait pénétrer dans les esprits l'immanente sanction du mal, la superstition, reconnaissons-le, aura du bon ; et la crainte de l'enfer ne mérite pas tout le mal qu'on en dit. — La superstition ne fût point née, si elle n'eût été d'aucune utilité.

Elle se recommande de la théorie du moindre mal.

＊ ＊

Ceux qui aiment le bien par nature, s'imaginent qu'ils l'aiment, parce que leur conscience leur dit de l'aimer. — Quand ils auront cessé de croire à la conscience, ils n'auront pas fini d'aimer le bien et de le faire.

＊ ＊

Ceux que leurs instincts poussent au mal, vous aurez beau, par l'éducation, faire pénétrer en eux l'idée de la conscience morale, réellement, la conscience, vous ne l'y mettrez point ; et ils n'en seront ni meilleurs ni pires.

＊ ＊

Ou la conscience est une, et alors comment expliquer que pour le même acte tel homme soit par les uns porté aux nues, et par les autres traîné aux gémonies ! ou la conscience est multiple : autant vaut dire alors qu'elle n'est pas.

＊ ＊

Le fait est qu'il y a autant de consciences que de jugements, de jugements que de raisons, de raisons que d'hommes. Et il en sera de même tant qu'ignorant de sa nature et de sa destinée, l'homme ne sera pas entré en pleine possession de la vérité morale, et par elle de la connaissance du bien et du mal.

＊ ＊

Deux hommes n'ont pas plus la même conscience que le même visage.

*
* *

Placez deux hommes exactement dans la même situation. Supposez-leur toujours exactement les mêmes motifs extérieurs d'agir, — pour que leur conduite soit identique, il faudra que le poids de ces motifs pèse également sur chacun d'eux, et pour cela qu'ils aient exactement même tempérament, même caractère, même moralité, d'aucuns diront même conscience, et, en plus, que ces motifs d'agir les trouvent toujours dans les mêmes dispositions d'esprit, ce qui impliquerait même entourage, même nourriture, même digestion, même humeur, conditions qui ne se rencontrent jamais; et si, dans des cas très simples, il arrive qu'ils aient même attitude, même conduite, ils ne laisseront pas de les accompagner de vues, de considérations différentes.

*
* *

Chaque individu constitue une personnalité bien distincte, mais qui pour sa nature intellectuelle et morale tient à l'hérédité et à l'éducation, et pour ses actes, au milieu, aux circonstances. Sa volonté n'intervient que pour améliorer sa nature en vue de son plus grand bien, et conformer ses actes à ce qui lui paraît être ce plus grand bien. — Par sa volonté, qu'elle soit au service de l'intelligence ou de l'instinct, l'homme est sans cesse à la recherche de ce plus grand bien. — Quand son intelligence lui en donnera toujours la perception bien nette, et quand il aura façonné sa volonté à toujours obéir à sa raison et jamais à ses instincts, l'homme aura conquis le bonheur et la liberté. Mais le sens de ce plus grand bien ne laissera pas d'être pour chacun en conformité de son organisation naturelle ou acquise, en sorte que dans la diversité des êtres, il y a, il y aura sans cesse ce point commun : l'*impersonnalité*.

**
* **

Il y a ce qu'on doit faire et ce qu'on est organisé pour faire : on ne fait bien que ce pour quoi l'on est organisé. Que de choses l'on croit faire par devoir qu'on fait par simple organisation ! — On le fait d'autant mieux.

**
* **

Le sage que ses goûts tiennent éloigné des affaires publiques, fait honneur à sa sagesse du zèle qu'il met à les fuir. Celui que l'ambition ou la vanité poussent à remplir de grandes charges dans l'Etat, se donne l'illusion que son devoir seul l'inspire. — En réalité l'un et l'autre ne sont que deux forces dans la nature qui, par des voies différentes, concourent ensemble au progrès de l'humanité.

**
* **

La conscience morale et le remords moral
sont, à ce point, de pure imagination, que
nous nous plaisons souvent à tirer vanité de
faits fort condamnables. — Que si, condamnables, nous ne nous en rendons pas compte,
quel rôle faites-vous donc jouer à la conscience, cette lumière, au remords, cette
sanction ?

* *
*

Sondez la conscience d'un propagandiste
par le fait ; rien n'est plus pur que le fond de
son cœur.

* *
*

Quoi ! Voilà une lumière qui nous vient,
dites-vous, de Dieu, qui doit nous servir et de
règle et de guide, et voici que les plus intelligents, les meilleurs même ont peine à s'y
reconnaître et trébuchent à chaque pas ! La
vérité est que, la conscience, plus on la
cherche, moins on la trouve, et qu'on finit
souvent par n'y plus croire après y avoir
longtemps cru.

* *
*

Chez les natures simples et bonnes le sentiment fait toute leur conscience.

* *
*

Si certains à conscience très délicate ne
faisaient parfois violence à leur conscience,
ils seraient moutons toujours tondus. Et cette

violence, certaines natures particulièrement
scrupuleuses sont incapables de se la faire. —
Ceux-là, s'ils n'ont ni talent ni fortune, ont
bien des chances de finir à l'état d'épave.

*
* *

Notre conscience s'accommode aisément à
nos intérêts immédiats. Que si nous sacrifions
un intérêt immédiat, nous en faisons facilement honneur à la conscience, quand c'est un
intérêt prochain ou supérieur qui nous inspire. Cet intérêt supérieur, on se l'avoue quelquefois à soi-même, rarement aux autres, et
nous le décorons du nom pompeux de devoir :
ça nous pose bien mieux.

*
*

Il faut se défier des inspirations de la
conscience qui nous fait voir le bien où est le
mal, quand la raison n'est pas bien éclairée.
Et comme il est difficile d'avoir une raison
bien éclairée, sûre d'elle-même !

*
* *

La plupart des questions se présentent à
notre esprit sous différentes faces et peuvent
être examinées à plusieurs points de vue.
Aussi l'homme de conscience droite, mais
d'esprit étroit, est presque toujours un sec-
taire. Autre chose est : être honnête homme et
penser juste.

*
* *

Je suis étonné de voir combien souvent ont également raison deux hommes défendant des thèses contraires. — Pour se mettre d'accord il ne leur manque que de partir du même pied. Mais chaque parti pèse à sa propre balance les choses du parti adverse, et tous les poids en sont faussés.

*
* *

Il ne suffit pas à un esprit éclairé, pour se déterminer ou prononcer un jugement, de voir la meilleure solution, un seul point de vue étant donné. Il lui faut tout d'abord, — et cette nécessité n'apparaît qu'à un petit nombre, — chercher le meilleur point de vue. Et encore n'est-ce rien que de le chercher, ce qui est rare, c'est qu'on le trouve. — Pour ces motifs, un homme de très grand esprit peut être à la fois de conscience très haute et très versatile.

*
* *

Il est même de très grands esprits qui, à force d'examiner le pour et le contre des choses, en finissent par perdre la notion de la conscience.

*
* *

La conscience, c'est le sentiment qu'on a de sa valeur morale ; le remords, de sa déchéance. — Qui est sans valeur morale n'a ni conscience ni remords.

*
* *

La conscience individuelle est le produit de l'hérédité, de l'éducation et du milieu. Les milieux impurs créent les consciences veules. — Sauf pour les natures basses, que le bien ne fait qu'effleurer, ou d'élite, rebelles à tout contact impur, les consciences individuelles dans leur ensemble sont le reflet des mœurs ambiantes.

*
* *

Il y a aussi une conscience des peuples, qui subit toutes les fluctuations des courants politiques, et qui s'élève ou s'abaisse avec les vertus ou les vices des dirigeants.

*
* *

Il est bien clair que s'il n'y avait pas en nous quelque chose qui ressemble à la conscience morale, tant d'esprits délicats et sincères ne s'y seraient pas laissé prendre. Beaucoup ont cru l'avoir; et, jugeant des autres par eux-mêmes, ils ont pensé que l'ayant tout le monde l'a. Et puis on en avait tant besoin pour consolider un système de morale que l'on sentait déjà bien faible sur sa base.

*
* *

Nous voudrions pourtant bien échapper au reproche que certains timorés seront portés à nous faire, — nous ne comptons pas avec les indignations de commande : « Mais, malheureux, nous diront-ils, si vous ôtez à l'homme la conscience morale », (encore pour la lui ôter faudrait-il bien qu'il l'eût!) « que lui restera-t-il pour se diriger, se conduire? » Je réponds : sa raison, son égoïsme, par lesquels il se fera bien plus sûrement une conscience, que si vous lui laissez croire qu'il l'a toute faite.

Une psychologue qu'on nous dit « très perspicace », nous a déjà fait savoir que si on lui enlevait la conscience, elle ne se sentirait plus capable de former le cœur et l'esprit de ses élèves. En voilà au moins une qui a profité des leçons qui lui ont été faites, lorsque nous en connaissons tant d'autres qui n'en ont rien gardé. Eh bien! madame la psychologue, vous cesserez de raconter à vos élèves que Dieu leur a donné la conscience ; mais vous leur direz que la nature leur a donné les éléments pour s'en créer une, et qu'elles auront d'autant plus de chances de vivre libres et heureuses qu'elles se la seront faite et plus belle et plus haute, pourvu qu'elle soit ferme. Et pour rester dans la vérité vous ajouterez qu'on ne se fait pas toujours la conscience qu'on veut. Ainsi vous les rendrez moins sévères pour ceux ou celles qui en ont peu ou point. Mais ne craignez pas de parler net à leur égoïsme : elles vous entendront d'autant mieux.

Dans nos sociétés où tous les intérêts sont discordants, où la lutte pour la vie vient incessamment rompre tous les accords de la nature, combien peu se vanteraient de n'avoir point fait fléchir leur conscience devant les nécessités vitales ! Il faut pour s'épanouir, à la conscience, comme à tous nos sentiments généreux, un milieu favorable. Ce milieu, les bons, comme les méchants, sont intéressés à le faire naître : les bons pour se sauver des méchants, et les méchants, d'eux-mêmes.

*
* *

Mon dernier mot est que, par l'observation et la raison combinées avec nos aspirations, nos sentiments, nos intérêts, nous arrivons à nous faire non point une conscience, mais un égoïsme ; et ma conviction est que l'avenir dira non point former des consciences, qui ne répond à rien, mais façonner des égoïsmes, qui contient tout. Et comme aujourd'hui des consciences — des égoïsmes — il y en aura longtemps sans doute de toutes les qualités.

IV

Il faut à l'homme, pour être heureux, un certain détachement des personnes et des choses, qui lui permette de tout faire incliner devant le devoir humain, le devoir social. Et alors eût-il tout perdu : biens, famille, amis, l'humanité lui reste — avec la force et la santé — plus qu'il ne lui en faut pour remplir et son cœur et sa vie.

*
* *

L'amour ardent, l'amitié intense donnent, l'un des jouissances très vives, l'autre très pures ; mais elles résultent d'un débordement d'égoïsme, et sont toujours chèrement achetées.

*
* *

Deux êtres unis par l'amour ou l'amitié, et qui se suffisent à eux-mêmes, font bon marché du reste de l'humanité, et quand ils viennent à se manquer, il y a dans leurs tourments comme une revanche de l'humanité dédaignée.

*
* *

S'aimer exclusivement soi-même est la pire condition de l'homme; s'aimer dans les autres est un premier pas vers le bonheur; s'aimer dans ses devoirs, c'est la plus haute expression du bonheur en même temps que de l'amour de soi.

*
* *

Je vois trois degrés dans l'amour de soi : 1° L'égoïsme pur : on n'aime que soi; c'est l'homme misérable, parce que personne ne l'aime; 2° l'altruisme, restreint à l'amour de la famille et des amis : heureux par leur présence et leurs qualités, on est malheureux par leur absence ou leurs défauts; 3° l'altruisme absolu, qui englobe l'humanité tout entière et tout ce qui sent et souffre : c'est le pur amour du bien régnant en maître souverain dans nos âmes; c'est l'homme dominant sa propre douleur et planant au-dessus des misères humaines, auxquelles il ne s'associe que pour les combattre et les soulager chez les autres; c'est enfin dans une société parfaite le bonheur parfait et, dans nos sociétés imparfaites, le bonheur relatif.

*
* *

Le bien individuel et social est dans l'extension des facultés affectives, et dans leur intensité, le mal individuel et le mal public.

*
* *

Qui s'absorbe dans l'amour et ne vit que pour lui, en même temps qu'il devient un être inutile ou nuisible à ses semblables, manque à son premier devoir social : celui de sa conservation personnelle et du perfectionnement de l'espèce.

**

Je m'apitoie assez peu sur les peines des amants que j'appellerai professionnels. Les souffrances de l'amant passionné sont même une sanction, je ne dirai pas méritée, mais nécessaire, afin que, pour échapper à ces souffrances, chacun se sente intéressé à modérer ses sentiments, à régler ses transports.

**

Ceux que je plains de tout mon cœur, ce sont les pauvres jeunes gens que l'orgueil ou la cupidité des parents empêchent de s'appartenir quand ils s'aiment. Il y a là que de tourments inutiles et que de bonheur perdu !

**

Qui s'aime trop ne sait point s'aimer, et est malheureux. Et comme ce que nous aimons dans les autres, c'est nous-mêmes, à nous trop aimer dans notre maîtresse ou notre ami, nous l'aimons mal et nous faisons deux malheureux.

**

Pour savourer sans amertume les fruits de

l'amitié, il faut en bannir l'intérêt, à cette fin créer des milieux où se puisse, aux rapports toujours intéressés des amis, substituer le culte désintéressé de l'amitié.

Toute nouvelle affection, si elle est source de bien, est aussi source de mal, parce qu'on aime trop pour soi. Que si par un raffinement d'égoïsme on pouvait arriver à n'aimer la créature que pour elle, on lui donnerait comme on en recevrait avec le minimum de souffrance le maximum de bonheur possible. Il y aurait là pour tous un réservoir inépuisable de douces et hautes satisfactions.

Le sensibilité est chez nous très en honneur. Nous en voulons à tout prix chez les autres. Quand nous en avons nous-mêmes, nous nous en faisons un mérite, comme si nous avions pour cela fait quelque chose. En manquons-nous, nous faisons effort aux yeux des autres pour en donner le simulacre. Et cette hypocrisie est pourtant bien excusable, puisque ce n'est qu'à ce prix qu'on daigne nous estimer. J'estime quant à moi qu'on peut être sans cela estimable.

C'est pleinement enfantin que de reprocher à quelqu'un de ne point avoir de cœur : on ne peut avoir que le cœur qui vous a été donné.

**

Reprocher à un homme de manquer de cœur, cela ne lui en donne pas, mais l'incite à simuler qu'il en a, et vous n'êtes que mieux trompé.

**

Il faudrait que sans démérite chacun pût afficher le cœur qu'il a : cœurs fourbes, cœurs cruels, cœurs libidineux ou lâches. Ainsi l'on saurait à quoi s'en tenir, et en les aidant à se sauver d'eux-mêmes, la société s'en sauverait.

**

Chacun ferait effort pour se guérir de ses tares morales, comme il fait de ses infirmités physiques, si la société lui en fournissait les moyens. — Il le ferait non par honte, mais par amour-propre, parce qu'elles le déprécieraient.

**

Avec cette idée où nous sommes qu'on peut avoir du cœur à volonté, nous nous plaignons toujours d'en trouver si peu chez les autres. — Mais quand nous n'en avons pas hérité, vainement nous nous battons les flancs pour nous en trouver : autant vouloir d'un fût vide tirer un vin généreux ! — Et cependant ceux qui

en ont sont exploités par ceux qui n'en ont
pas.

*
* *

On a tout à gagner à n'avoir ni cœur ni
vertu et à feindre qu'on en a. Et l'on s'étonne
que nous vivions sous le règne des hypocrites
et des fourbes ! — Mais les hypocrites et les
fourbes font des victimes qui se retournent
contre eux. La peur des représailles leur gâte
la joie du succès, quand leur succès ne se
change pas en déroute. — C'est la revanche
de la morale.

*
* *

Nos amis ne nous quittent point, tant qu'à
notre amitié ils trouvent leur compte. —
Quand nous les avons perdus, pour cher qu'ils
nous aient coûté, à faire équitablement la
balance, nous trouvons encore que nous y
avons gagné. Que si dans le nombre il en est
qui nous ont trop coûté, avec ceux qui nous
ont rapporté, ça fait compensation.

*
* *

Quand on garde un ami au-delà de son cœur
ou de ses intérêts, c'est dans l'espoir de rentrer dans ses avances.

*
* *

Si l'on était assuré d'avoir profit avec tous
ses amis, ce serait l'exploitation de l'amitié ;

et nous aurions mérité d'y perdre. — Il y a de fait des gens sans cesse en quête d'amis à exploiter. Mais ceux-là tôt ou tard sont démasqués, et ils finissent par ne plus trouver d'amis.

* *

Quand il n'y a pas perte dans l'amitié, il y a toujours profit : pour avoir le profit il faut risquer la perte.

* *

Il se trouve quantité de gens, braves gens au fond, dont on ne peut se faire estimer qu'en les flattant. — Ils mériteraient mieux que des faux amis, et n'en ont point d'autres.

* *

Les moins complimenteurs ne sont pas les moins accessibles aux compliments. — Tels vous félicitent qui attendent des félicitations, et ne vous pardonnent guère de ne pas les avoir compris.

* *

Il n'y a rien de tel pour se faire de quelqu'un un ami, que de l'amener à vous rendre un grand service — qui ne lui a rien coûté.

* *

Certains sont d'un commerce si désagréable qu'ils ne sauraient trouver d'amis que parmi ceux qui les utilisent ou les exploitent. Quand ils ont cessé d'être utilisables, exploitables, ils se trouvent tout étonnés de n'avoir plus

d'amis, et jugent mal de l'amitié — faute de
se bien juger.

Qui ne sait point à l'occasion sacrifier à
l'amitié sa propre commodité, ses intérêts,
n'aura point d'amis. — Les biens de l'amitié
sont les plus doux, et comme tout parmi nous
ils s'achètent : ils n'ont point de prix. —
Mieux vaut des amis qui vous coûtent que
point d'amis.

De deux amis le moins cher à l'autre est
celui qui reçoit.

Seuls les riches peuvent s'offrir le luxe de
beaucoup d'amis. — Les pauvres n'ont point
d'amis, parce qu'ils ont tout à recevoir et rien
à donner.

Les meilleurs amis des riches sont les pauvres — tant qu'ils continuent à donner.

Avec le prix qu'on met pour entretenir un
ami riche, on aurait cent pauvres.

Il y a souvent plus d'honneur à désobliger
un riche qu'à obliger cent pauvres. — Avec
ces derniers on ne perd que ce qu'on donne,

avec celui-là on perd tout ce qu'on en pourrait recevoir.

*
* *

On se fait une bien meilleure réputation à
obliger les riches qu'à obliger les pauvres. —
Les louanges de ceux-ci, ça ne porte guère. Être
loué par les riches, quelle différence de qualité ! — Certains n'obligent que les riches et
bien s'en trouvent.

*
* *

Quand donc aurons-nous raison de ce sot
amour-propre qui nous fait croire qu'on nous
aime pour nous ? On nous aime pour nos qualités, quand on en jouit ou qu'on en profite.

*
* *

On veut se faire un titre d'estime auprès de
ses amis en leur laissant croire qu'on les aime
pour eux : la vanité d'un côté y trouve son
compte, de l'autre — l'intérêt.

*
* *

Chacun n'aurait d'amis que ceux qu'il
mérite — sans l'argent, et combien s'en trouveraient relevés les charmes de l'amitié !

*
* *

Si l'on pouvait ne nous aimer que pour
nous, nous n'aurions plus rien à faire pour
être aimés. — En ne nous aimant que pour
soi, au fond n'est-ce point un hommage qu'on
nous rend ?

*
* *

Il pourrait bien n'y avoir dans les amitiés
qu'un échange d'hommages — chacun étant
flatté de ceux qu'il reçoit.

*
* *

Il est nécessaire qu'on ne nous aime que
pour nos bienfaits ou nos qualités, afin que,
ayant besoin d'amis, nous fassions plus pour
en avoir.

*
* *

Tant qu'on s'imagine qu'on aime les gens
pour eux, on se crée à soi-même des titres à
leur reconnaissance, et on se les crée immen-
ses. — Que si l'on se rend compte qu'on les
aime pour soi, on se fait leur débiteur pour
tout le plaisir qu'ils vous donnent, qu'ils ne
vous doivent pas et qui souvent leur coûte.

*
* *

Pourquoi voyons-nous augmenter le nombre de nos amis, à mesure que nous deve-
nons plus riches ou plus puissants ? et alors
pourquoi cette étreinte plus cordiale et plus
chaude des vieux amis ? — Nous leur sommes
devenus plus précieux. — Si quelques âmes
délicates s'éloignent quand nous viennent les
honneurs ou la fortune, c'est qu'ils leur ont
changé leur ami.

*
* *

Aussi bien qu'aux amis qui nous peuvent

servir, nous allons à ceux qui flattent notre vanité.

*
* *

Rarement deux amis sont également fiers l'un de l'autre.

*
* *

Certes, il existe des liaisons de pure sympathie, dont, de part et d'autre, le sentiment fait tous les frais ; mais l'amour de soi n'en est point absent. C'est au contraire lui qui nous absorbe, nous pénètre — d'autant plus profondément que plus on ne fait qu'un avec son ami. Tout ce qui l'affecte vous touche : c'est comme une seule âme, un seul cœur qui se dilate pour la joie, se dédouble pour la souffrance, en sorte qu'il est bien vrai qu'on sent moins ses peines, qu'on jouit plus de ses joies, quand on les partage avec un ami.

*
* *

On s'imagine généralement qu'on vaut soi-même le plus possible ; et l'on ne croit guère aux mobiles désintéressés, quand on est soi-même en tout intéressé. — Le mobile est désintéressé quand il fait céder un intérêt matériel à une satisfaction morale : il engendre le sacrifice.

*
* *

C'est parce que l'amour est l'exaltation de l'amour de soi qu'il crée des liens si étroits,

Quand **on** a cessé d'aimer pour soi, c'est que l'amour est fini : le charme est rompu.

.*.

Retenez ce mot recueilli de la bouche d'une jeune fille très pure, au jour même où elle venait de faire signifier la rupture à un jeune homme qui, un temps, l'avait su charmer : « Pourvu qu'il ne vienne pas à me manquer ! ». — Le fait est qu'il lui manqua et qu'elle se reprit à l'aimer — follement.

.*.

Nos affections ont l'égoïsme tellement féroce que nous souffrons à l'idée que peuvent être heureuses sans nous les personnes que nous aimons le plus.

.*.

Ce nous est une satisfaction bien douce de savoir qu'on souffre à cause de nous loin de nous. Aussi s'applique-t-on à nous le faire savoir, en dehors même de toute vérité.

.*.

Il ne nous suffit pas qu'on souffre de notre absence, nous aimons encore à penser qu'on souffrira de notre mort. — Il pourrait nous suffire de mériter qu'on nous regrette.

.*.

Ah ! mourir avec la certitude de laisser

après soi des regrets et point de larmes —
c'est ainsi que je voudrais mourir !

*
* *

On veut bien voir heureux les gens que bien
l'on aime, mais heureux par soi, parce qu'on
prend sa part de leur bonheur.

*
* *

Quand on aime bien une femme, la preuve
suprême qu'inconsciemment l'on en donne,
c'est qu'on aimerait mieux, dit-on, la voir
morte qu'infidèle. Mais la preuve des preuves,
c'est quand on la tue. — A part ça, rien
d'égoïste dans l'amour.

*
* *

Les femmes ne détestent pas qu'on les aime
jusqu'à les tuer — infidèles, tant qu'elles n'ont
pas fini d'aimer.

*
* *

Seul est appréciable le sentiment qui nous
fait, sans douleur et sans peine, nous dévouer
pour ceux que nous aimons.

*
* *

Au lieu d'en vouloir simplement aux autres
de leurs antipathies, que ne nous en prenons-
nous bien plutôt à nous-mêmes ! — On a presque toujours tort quand on est détesté.

*
* *

Soyons heureux des sympathies qui nous

sont offertes. Quant à ceux à qui nous sommes antipathiques, s'ils ont à nous subir, c'est eux qu'il faut plaindre. Si d'instinct ils nous détestent, et que, leur antipathie, nous ne la méritions pas, pour la dissiper, il suffira qu'ils nous connaissent. — Que si cette antipathie n'a d'autre cause que l'envie, nous payons ainsi notre tribut à la solidarité.

*
* *

Beaucoup s'étonnent ou s'indignent qu'on les néglige ou qu'on les fuie, quand on n'a plus besoin d'eux : on fréquente les gens par plaisir ou par intérêt; où le plaisir est absent, quand l'intérêt cesse, il n'y a plus rien... qu'un reste d'habitude, une vague reconnaissance que le temps efface.

*
* *

Certains qu'on dit ingrats le sont moins par volonté que par nécessité : ils se font les obligés de tant de gens que le sacrifice de leur vie entière ne suffirait pas à satisfaire aux exigences de tous leurs bienfaiteurs.

*
* *

Le prix que nous attachons à nos bienfaits est la grande source dont s'alimente l'ingratitude.

*
* *

Il ne se peut que l'on ne juge de son mérite à obliger par l'effort qu'on y met. Et l'on se

grossit ainsi à soi-même ses titres à la reconnaissance. — Ceux qui obligent sans effort ne
s'y croient aucun mérite : du moindre acte de
reconnaissance ils se trouvent suffisamment
payés.

*
* *

On croit souvent faire son devoir dans une
vilenie que l'on commet. — La victime ne voit
que la vilenie, vous ne voyez que le devoir.
Il y a des représailles justifiées pour l'un et
non pour l'autre.

*
* *

On s'imagine aisément n'agir que sous
l'impulsion du devoir, quand c'est la passion,
le ressentiment, l'intérêt qui commande.

*
* *

L'avarice est une maladie de l'esprit toute
spéciale, qui aveugle ceux qui en sont atteints
au point qu'ils en ont rarement conscience. —
Les avares détestent l'avarice.

*
* *

Quand un avare a des enfants, il se persuade
facilement qu'il ne travaille, n'économise
que pour eux. N'essayez pas de le détromper :
il se mettra en fureur. — Pour les avoir nourris, élevés, plutôt mal, en toute occurrence il
leur reprochera l'argent qu'ils lui ont coûté ;
et si de son vivant il ne leur donne rien, il le
trouve très légitime, puisqu'ils auront tout,

quand il sera mort. Ou, ce qu'il en fait, c'est pour leur conserver son bien. Et la preuve ! c'est qu'il n'en a pas besoin. Le fâcheux, c'est qu'on n'a jamais vu qu'un avare, perdant ses enfants, soit devenu plus généreux, les ayant perdus.

*
* *

Tel qui fut prodigue dans sa jeunesse, devenu vieux et avare, se croit encore très généreux, parce qu'il l'a été. Il a, dit-il, assez donné et juge très sévèrement ceux qui ne donnent pas.

*
* *

Plus un homme concentre sur lui-même ses facultés d'aimer, plus lui apparaît grand et méritoire le peu de bien qu'il fait aux autres. Et c'est de bonne foi que tel avare s'imagine être le plus généreux des hommes. Dans ses voisins, ses proches, ses enfants, il ne voit que des ingrats ; et à ses propres yeux il a pleinement raison : n'eût-il à son actif que des services imaginaires, jugeant de son mérite par l'effort qu'ils lui ont coûté, l'illusion est fatale.

*
* *

On ne peut, sans cesser d'être avare, donner aux autres de bon cœur ce qu'on se refuse à soi-même.

*
* *

L'argent gâte les meilleures natures. — Il

n'est pas jusqu'aux avares qui ne fussent généreux sans l'argent qui tourmente leur existence.

*
* *

Au fond de l'avarice il y a la peur de manquer, la peur de la faim ; et dans cette peur de l'avare, n'y aurait-il point comme une vision du destin qui l'attend et que vainement il voudrait conjurer ? — Presque tous les avares meurent de la maladie de la faim.

*
* *

L'orgueil et l'avarice se rencontrent souvent chez la même personne : son avarice lui reproche tout ce qu'elle dépense par orgueil.

*
* *

Chacun met son orgueil à rehausser les qualités qu'il a.

*
* *

Les gens mal famés ont une excuse à la calomnie ou à la médisance : établir que les autres ne valent pas mieux qu'eux. — Ça les relève.

*
* *

Madame X... a un amant. Elle qui sait qu'on le dit s'en va partout répétant que Madame Z... en a deux. — Ça la blanchit.

*
* *

La femme qui a des amants n'a jamais tous

ceux qu'on dit, mais elle en a qu'on ne dit pas. — Ça se compense.

*
* *

Pour notre plaisir à entendre dire du mal des autres, nous méritons tout celui qu'on dit de nous.

*
* *

Dire un peu de mal des gens qu'on loue peut n'être qu'un gage de sincérité. — Mais si l'on veut vraiment nuire à quelqu'un, le grand art, c'est d'en dire beaucoup de bien sur des choses futiles, réservant sa critique pour le point important : la louange ne fait qu'effleurer — le trait reste.

*
* *

Ce qui fait le succès des médisants, c'est d'abord notre plaisir à voir diminuer, rapetisser les autres : il semble que cela nous grandisse, — et ensuite l'espoir qu'en nous mettant bien avec eux, ils nous épargneront. Ce en quoi nous sommes justement déçus. — Ainsi nous sommes punis de notre méchanceté qui nous les fait écouter, et de notre lâcheté qui nous retient de les exécuter.

*
* *

Il n'est rien qui nous indispose contre un homme comme d'en entendre faire des éloges

outrés : on peut desservir les gens en les
louant comme en les calomniant.

*
* *

Il n'y a pas d'homme qui ait de lui-même
si petite opinion qu'il ne pense avoir en lui
quelque chose qui mérite d'être loué. Ce quelque chose est le point faible par lequel les
plus rebarbatifs se laissent prendre. — Le
succès ne dépend que de l'adresse qu'on y
met.

*
* *

Les compliments qui nous viennent des
gens qui en sont avares nous sont plus précieux. — C'est se donner une grande force
pour séduire ou abattre que de se faire ménager de la louange — ou de la calomnie.

*
* *

On use ses traits à faire de la diffamation à
jet continu. — Quand on a vraiment un
ennemi à abattre, les meilleurs ne portent
plus.

*
* *

On se fait beaucoup de tort à se faire redres-
seur de torts : nous trouvons mauvais, même
contre notre ennemi, le trait qui nous a
frappé.

*
* *

Qui veut être suivi doit choisir ses victimes
toujours dans le même camp. — On ne laisse

pas d'être suivi, en changeant de camp, par ses victimes de la veille.

***

La crainte qu'on inspire fait souvent plus pour le succès que l'estime.

***

On est mal en posture pour plaider sa propre cause ; et ceux qui vous entendent sont en état de suspicion légitime : on a toujours raison dans ses droits ou ses griefs — tels qu'on les expose.

***

Un puissant intérêt à mentir — en outre de l'habitude — peut donner au ton, à la voix, au visage toutes les apparences de la sincérité.

***

Il y en a qui sont nés menteurs. Ceux-là mentent pour le plaisir de mentir. D'autres ne mentent que s'ils y ont un intérêt. Mais bien peu hésitent à mentir pour se tirer d'un mauvais pas.

***

Pourquoi si haut monte ce mépris du mensonge — chez les autres, quand menteur hier on mentira demain ?

***

Si nous étions seuls à mentir, ce nous serait une grande force.

***

Je soupçonne fort les femmes qui sont menteuses de ne détester tant chez l'homme le mensonge, que parce qu'il leur enlève un de leurs principaux moyens de domination : on a tant besoin de la sincérité de ceux qu'on veut conduire ou tromper.

*
* *

Recevant un jour les doléances d'une femme fort intelligente, que je savais infidèle et — menteuse, à l'adresse de son mari menteur, comme je m'en étonnais : « Nous autres femmes, me dit-elle, nous estimons surtout chez les hommes les qualités qui nous manquent ».

*
* *

La même, un peu plus tard, toujours belle, mais usée, malade, encore aimée, mais n'aimant plus, et sans goût et sans force pour un nouvel amour, comme elle gémissait sur son destin : « Pourtant, lui dis-je, vous n'avez pas à vous plaindre : on dit que les plaisirs d'aimer sont les meilleurs ; ne les avez-vous point connus et pleins et divers ? » — Elle toujours dolente : « Eh ! mon bon ami, je suis bien avancée ! »

*
* *

Ainsi nos plaisirs passent, et il ne nous en reste qu'un vague souvenir. Il n'y a de réel que les maux présents, qui ont presque toujours leurs causes dans un vice de l'orga-

nisation sociale ou de notre propre organisation.

* *

Eussiez-vous été heureux 5o ans, le bonheur
passé, ça ne compte plus. Et vient toujours un
temps où, les gens heureux, le bonheur les
fuit.

* *

Tant que la société n'aura pas assuré notre
avenir, c'est pour lui qu'il faut vivre, et le
souci de l'avenir trouble les joies du présent.

* *

Les plus puissants, les plus riches sont les
moins assurés de l'avenir : ils sont les premiers
atteints quand vient à souffler le vent des révo-
lutions.

* *

On place généralement le bonheur dans ce
qu'on n'a pas. Les pauvres se représentent le
bonheur dans l'argent. — De ce qu'ils voient
maintes gens atteindre à la richesse, en conséquence au bonheur, par la ruse, la perfidie,
le mensonge, la malhonnêteté, ils concluent
que la *Justice immanente* est un vain mot. —
Pardon ! d'abord assurez-vous bien que ceux-
là sont heureux, ou tout au moins pour juger
de leur bonheur, attendez leur mort.

* *

La justice immanente ! j'en ai bien observé qui ne la voient pas et qui l'ont chez eux. — C'est que notre amour-propre se prête difficilement à voir dans nos vices, nos fautes, nos indélicatesses, nos erreurs de conduite, les causes de nos maux.

* *

La justice immanente n'est pas juste au regard de l'irresponsabilité humaine ; mais elle était nécessaire aux fins de l'humanité.

* *

Tout acte qui nous éloigne du bonheur, qu'il nous conduise ou non à l'illustration, la fortune, nous écarte de notre route.

* *

Pour être malheureux par le mal qu'ils font, certains hommes de génie ne laissent pas d'accomplir leur destin — pour le progrès de l'humanité.

* *

Ce sont rarement les honnêtes gens qui démasquent les gredins : c'est le jeu des pires gredins qui se font en cela les auxiliaires de l'immanente justice. — Il en est pourtant au cœur généreux et fier qui tout droit s'en vont, d'une plume vengeresse, porter la marque de l'infamie aux fronts ignominieux. Et c'est ainsi que la haine est féconde, quand elle prend sa

source dans un violent amour de la justice et
du droit.

*
* *

Qui n'a point profondément au cœur enra-
cinée la haine du mal, n'apporte qu'une âme
pusillanime à la défense du bien. — Le cœur,
c'est ce qui ressent ; l'âme, ce qui fait agir.

*
* *

Tant que le mal dominera sur la terre, la
haine sera source de bien, non seulement la
haine des choses — mais des gens.

*
* *

La haine est propre à l'espèce humaine : la
race des tigres et des chacals vit en paix. —
Funeste à l'individu elle ne fût pas née, elle
n'eût pas vécu, si elle n'eût été utile au progrès du genre humain. — Comme à la plante
pour naître il faut de la fumure, et pour se
développer de la lumière, à l'humanité pour
poursuivre sa destinée sont également nécessaires la haine en bas, l'amour en haut. Et
normalement la haine s'éteindra quand elle
aura perdu son utilité, sa raison d'être.

*
* *

Toutes les inégalités sociales sont semence
de haine ; et cette haine est nécessaire pour
amener le règne de l'amour dans l'égalité.

*
* *

Le rôle de justicier convient bien à deux sortes d'hommes : les impeccables et les tarés, — les premiers n'ayant rien à craindre, les seconds rien à perdre.

*
* *

Les mêmes qui se réjouissent en leur cœur de la ruine de leur ennemi ou de leur rival, s'étonnent ou s'indignent que cet ennemi, ce rival, dans son désespoir ou sa rage de vaincu, regarde l'horizon et appelle en son âme le chambardement universel qui le délivre de cette torture : souffrir seul.

*
* *

Notre caractère s'élève ou s'abaisse avec la nature de nos fonctions, et le milieu où nous vivons.

*
* *

Il est bien difficile à celui que tourmentent les nécessités de l'existence de placer très haut son idéal.

*
* *

La misère est la pente qui nous conduit aux pires déchéances.

*
* *

Nous avons tous, je crois, plus ou moins, le chagrin égoïste et la joie altruiste. Faire les hommes heureux, c'est les rendre bons ou tout au moins meilleurs.

*
* *

La taille influe plus qu'on ne pense sur nos
actes et sur notre caractère. Une haute taille
ne nous donne pas un pouce de mérite, mais
pèse d'un grand poids sur le mérite que nous
nous attribuons à nous-mêmes, ou que les
autres nous accordent.

*
* *

Les hommes de petite taille ne sont souvent
poseurs et rageurs que par dépit de n'avoir
point une taille qui les pose et les impose.

*
* *

Une haute taille vous donne quelque chose
de solennel, qui est tout simplement ridicule
chez l'homme de petite taille, qui s'avise de
vouloir y prétendre. Mais l'homme de haute
taille et de petit esprit ne devrait jamais parler :
le plus petit mot bête dans sa bouche prend
tout aussitôt les proportions de sa grande
taille.

*
* *

Une taille avantageuse, dès l'abord, plaît
aux femmes. Mais comme ce qu'elles estiment
avant tout chez l'homme, c'est l'esprit, un bel
homme sans esprit n'est plus à leurs yeux
qu'un bellâtre qui les dégoûte.

*
* *

L'homme de petite taille se plie mieux aux
intrigues. Moins embarrassé de sa personne,

il glisse, il s'insinue. Il y a en lui quelque chose de féminin qui, à leur insu, attire les femmes. Elles se défient moins de lui ; il semble qu'il tire moins à conséquence ; c'est de lui qu'on attend mille petits services, à lui que se font les confidences, et c'est presque toujours lui qui emporte la place. — On est parfois étonné, scandalisé de leurs bonnes fortunes.

*
* *

Les musiciens, les chanteurs, les comiques sont adorés des femmes, parce qu'ils les charment ou les amusent.

*
* *

Les pénitentes du commun s'accommodent fort bien d'un petit abbé frais et rose. Les pécheresses du grand monde lui préfèrent un confesseur de haute taille : c'est plus troublant.

*
* *

La fiction du Juif-errant est vraie pour chacun de nous. Tous nous allons où nous poussent nos instincts et nos facultés, et toujours dans ce sens une voix à notre oreille nous dit: Marche. — Que si un temps nous relayons la machine, c'est de la force qui s'accumule pour un nouveau départ.

*
* *

On dit justement d'un homme qui s'est pro-

posé pour but unique de sa vie de faire fortune
qu'il y réussit toujours. Mais ce but, se l'assi-
gnerait-il, s'il ne sentait en lui les qualités de
force ou d'esprit, de souplesse ou d'énergie
indispensables au succès ? Beaucoup disent :
Je voudrais faire fortune. Mais seuls ont la
vocation qui disent : Je veux faire fortune, et
qui se donnent tout entiers à la fin poursuivie.

*
* *

Vainement consumerait sa vie à poursuivre
une découverte, à chercher une invention,
celui qui n'en a point l'esprit. Mais si le génie
est en lui, il n'échappera pas à sa destinée.

*
* *

Le génie pour se produire n'a besoin ni
d'argent, ni de considération, ni d'honneurs :
il lui faut son milieu. Les circonstances en
favorisent ou en contrarient l'essor, mais ne
l'étouffent pas.

*
* *

A quelqu'un qui demandait a Newton comment il avait découvert les lois de l'attraction : « En y pensant toujours, » répondit-il.
Mais s'il n'eût point porté en lui le génie qui
devait les lui faire découvrir, il n'y eût point
pensé — toujours.

*
* *

Il eût été aussi impossible à Newton, dans

lescirconstances où il a vécu, de ne pas découvrir les lois de l'attraction, qu'à ces mêmes
lois de ne point exister.

*
* *

Tout s'équilibre dans l'ordre moral comme
dans l'ordre physique. Il ne s'agit que de trouver les lois de cet équilibre et d'asseoir sur
elles l'ordre social.

*
* *

Les hommes n'iront d'eux-mêmes au *devoir
social* qu'après y avoir été assujettis un certain nombre de générations. — Il faudra passer par la *tyrannie socialiste*, avant de réaliser
l'idéal anarchiste.

*
* *

Toutes les forces sociales demanderont à
être condensées, avant de recevoir utilement
le libre essor. — Le socialisme, c'est la fleur
en bouton ; l'anarchie, la fleur épanouie ; et
l'humanité en est encore aux rigueurs, aux
frimas, aux tempêtes de l'hiver.

*
* *

Le socialisme pour se constituer aura
besoin de restaurer le principe d'autorité si
cher à nos adversaires : alors on verra l'accueil
qu'ils lui feront. — Mais le principe d'autorité n'a de force durable que par l'adhésion
des esprits d'élite ; et cette adhésion, au point

où nous en sommes, est impossible au regard
de l'ordre capitaliste.

*
* *

Le principe d'autorité sous l'Empire s'est
effondré quand il a eu contre lui l'élite intellectuelle : on ne gouverne point — longtemps
contre l'esprit.

*
* *

Comme pour conserver, le principe d'autorité est nécessaire pour édifier ; mais quand
l'œuvre est branlante, le principe chancelle,
et rien ne le peut consolider — sur les mêmes
bases.

*
* *

Nous voyons aujourd'hui tous les partis,
chacun pour ce qui lui profite, se réclamer
des *Immortels Principes*. — Il n'y a point de
principes immortels. Les hommes de la Révolution ont fait faire un pas immense à l'esprit
humain : ils ne l'ont pas fixé.

*
* *

Les *Immortels Principes* sont devenus
le minimum de satisfactions à donner à
l'opinion publique. Ceux qui les combattaient
naguère s'en prévalent ; dans un avenir qui
n'est pas loin, vainement ils voudront s'y
retrancher : d'autres les supplanteront qui ne
seront pas plus immortels.

*
* *

9

Le socialisme ne tyrannisera que les mauvaises volontés; et combien douce tyrannie au prix de l'odieuse tyrannie capitaliste !

*
* *

La société socialiste fera vivre ses fainéants — pour le moins inoffensifs; la société capitaliste fait des siens des rastas, des souteneurs, des voleurs, des mendiants, des assassins, des garde-chiourme, et elle les nourrit quand même ! et où arrêter la liste de ceux qu'elle fait vivre dans l'oisiveté, ou dans un labeur accablant qui ne produit rien ?

*
* *

Il y a en politique des intransigeants riches — ou qui vivent de leur intransigeance, ce qui réduit bien leur mérite. Ceux-là s'indignent que d'autres pour vivre se prêtent à certains accommodements. Pourtant tout le monde ne peut pas vivre de l'intransigeance, et chacun veut vivre — sinon comme il veut — comme il peut.

*
* *

Des socialistes il en faut pour porter la bonne parole, et d'autres pour recueillir la manne.

*
* *

A exiger des socialistes toutes les vertus de leurs programmes, jamais le socialisme ne verrait le jour : ils seraient trop peu nombreux à les avoir. — Pas plus que la République ne s'est fondée et ne dure par le désintéressement des républicains, le socialisme ne se réalisera par le désintéressement des socialistes.

*
* *

Sans l'espoir de gouverner la République, il ne se serait point trouvé de républicains pour la fonder. — La République n'a d'ennemis que parmi ceux qui ne la gouvernent pas, comme la meilleure des républiques est celle dont on est !

*
* *

L'adhésion de certains hommes — plus ou moins convaincus — au socialisme fait plus pour sa propagation que les discours enflammés d'un nombre dix fois plus grand de propagandistes pleinement convaincus, mais obscurs.

*
* *

On ne saurait attendre des socialistes qui ont ou se croient des qualités d'hommes d'Etat, même attitude, même langage, même conduite que de ceux que leurs goûts, leurs aptitudes, leur tempérament poussent vers la polémique socialiste. Pourtant ceux-ci sont utiles à ceux-là pour les faire marcher plus droit. — Il faut des intransigeants, il en faut qui transigent.

*
* *

Un parti d'intransigeants serait un parti

perdu, comme un parti qui n'a pas ses intransigeants est un parti déshonoré. — Il faut des
intransigeants pour sauver l'honneur du drapeau : il en faut surtout qui transigent pour le
faire triompher.

* *
*

Ceux qui ont renoncé pour eux-mêmes aux
mandats politiques, ont beau jeu pour mori-
géner les autres. Cependant il en faut qui
ambitionnent les mandats politiques, et ce
n'est vraisemblablement pas pour leur plaisir
qu'ils transigent avec les principes.

* *
*

Du moment que le peuple est souverain, le
meilleur moyen de le conduire n'est pas de
s'imposer : il vous met à la porte — mais de
composer.

* *
*

Nous avons des socialistes pour — dans
trois mille ans. — Mais d'abord ceux-là
n'empêcheront pas de réaliser le socialisme
avant, si l'on est en nombre ; puis ce sont les
socialistes dans trois mille ans qui font venir
au socialisme des gens qui n'y viendraient
point, si c'était pour demain.

* *
*

Les convaincus, les ardents donnent aux
plus pressés des espérances de réalisation
immédiate. — Les autres, qui ont l'air de

dire : N'ayez pas peur, ce n'est pas pour demain, rallient les cœurs timides ; et cependant le mot, l'idée gagnent du terrain, et l'armée toujours grandit.

*
* *

Les socialistes qui n'ont pas de femme, font la leçon à ceux qui en ont, comme s'il n'était pas plus facile de gouverner le monde que de gouverner sa femme.

*
* *

« Il n'y a pas de grand homme pour son valet de chambre ». — A moins qu'elle ne soit elle-même un grand homme, combien il est plus vrai qu'il n'y a pas de grand homme pour sa femme ! — Rien auprès d'une femme ne vous diminue un homme comme la qualité de mari.

*
* *

Les socialistes qui n'ont point d'enfants, n'ont pas de peine à empêcher qu'on les baptise à l'eau du Jourdain. — La première communion des enfants, chez ceux qui en ont, témoigne surtout que la foi laïque ne vaudra jamais en intolérance la foi religieuse. — C'est ce qui fait que si souvent le bon sens, la raison plient devant la superstition ou l'imbécillité.

*
* *

On ne peut raisonnablement pas demander

à tous les socialistes de sacrifier à l'avenir tout leur présent. A le faire on en éloignerait un grand nombre du socialisme — qui pour préparer la moisson future a besoin de toutes les bonnes volontés.

*
* *

A demander aux hommes plus qu'ils ne peuvent donner on n'obtient rien. — Il n'y a que l'infime minorité qui soit organisée pour goûter les joies du sacrifice ; et si la nature n'en crée par davantage, c'est que ce petit nombre lui suffit pour conduire à ses fins l'humanité.

*
* *

Il y en a qui se réjouissent — les ennemis, d'autres qui s'affligent — les amis, des divisions des socialistes. — Tout ça, ça ne fait rien ; ils s'entendront quand il faudra, et s'il le faut. — S'ils s'entendaient, ils s'endormiraient : c'est la division qui les fouette.

*
* *

Les divisions stimulent les socialistes, rassurent les bourgeois, et les idées font leur chemin.

*
* *

Que dit-on que l'égalité socialiste est une chimère, comme si au fond d'eux les plus modestes ne s'estimaient à l'égal des plus grands ! — Tout le monde se croit autant qu'un

« Tel ». — Il n'y a jamais qu'un « Tel » qui se croit plus grand.

*
* *

On ne s'humilie les uns devant les autres que pour l'argent. — Quand la société remunérera également tout le monde, chacun vivra dans la plénitude de sa dignité. — Il y aura des hauts emplois, il y en aura des bas ; mais comme il n'y aura que des emplois honorables, il n'y en aura point de méprisés.

*
* *

Nous avons tous dans notre famille, dans nos relations des êtres inférieurs que nous traitons sur un pied d'égalité. Ou si non, ce n'est pas parce qu'ils sont bêtes, mais qu'ils sont pauvres. — Supprimer les pauvres, voilà tout le mystère de l'*Egalité*.

*
* *

On voit des gens épris d'humanité et de justice, mais déjà réputés subversifs dans leur milieu. — Ceux-là se tiennent à égale distance des revendications socialistes et de l'intégralité des droits capitalistes. Au lieu de venir à nous ils restent en chemin ; mais ils ne laissent pas de travailler pour nous, en gagnant aux idées avancées des esprits timorés qui sans eux n'y viendraient point : les forces de conservation s'en trouvent affaiblies,

*
* *

Seuls voient clair les individualistes qui, fermes sur leurs principes, entendent que l'homme doive tout à lui-même et rien à la collectivité. Et périssent les vaincus ! Mais ils n'ont pas contre eux que le sentiment chez les uns, la raison chez les autres, — il y a l'humanité qui veut marcher : ils seront débordés.

*\
* *

L'idée de la propriété collective fut-elle une pure chimère, elle ne sera jamais si bien démontrée telle, qu'elle ne soit incessamment poursuivie. Les possédants en seront troublés dans leur jouissance, et il n'y aura de bonheur pour personne.

*\
* *

A chaque peuple il faut — pour en sortir — toute la somme d'iniquités et de maux qu'il est capable de supporter sans révolte. — Il en faut plus aux plus avilis. Il en faudrait peu si la majorité luttait pour la justice. — Le bien sans partage régnerait si tout le monde aimait la justice.

*\
* *

A observer le mouvement des choses, la marche de l'humanité on voit non point que tout est pour le mieux, mais que tout va pour le mieux — à la conquête de l'idéal entrevu. Par le bien comme par le mal — conscient ou

inconscient chacun concourt à la confection
de l'édifice.

*
* *

La nature crée des sages et des fous ; et,
par ses sages et par ses fous, elle conduit
l'humanité, comme il convient, à la pleine
floraison.

*
* *

Dans l'œuvre du progrès humain chacun a
sa fonction. — Le penseur sème l'idée, l'ambitieux la fait triompher : c'est par le sage qu'elle
fructifie. — Cependant les bonnes bêtes font
vivre loups, chiens, pasteurs et troupeau.

*
* *

Par ses qualités comme par ses vices, ses
dons et ses tares, chaque individu constitue
un rouage de l'incommensurable machine, à
qui beaucoup de mal est nécessaire pour produire un peu de bien.

*
* *

L'élite se consumerait vainement à prêcher
l'avenir, si, pour sortir la foule de sa torpeur,
elle n'avait à son service ces deux grandes
faiseuses d'énergie : la souffrance et l'injustice. — La rivale de l'injustice et sa complice,
c'est la faveur.

*
* *

Qui dit faveur dit injustice. Avec l'état
d'esprit qui règne en France et... ailleurs,

aucun gouvernement ne pourrait se maintenir par la justice. — Nul ne sait gré au gouvernement de lui rendre justice : on ne lui
tient compte que de la faveur. On aspire
incessamment à en jouir ; on ne le défend que
dans cette intention ; et quand une fois on en
a obtenu une, on lui devient plus attaché
dans l'espoir d'en avoir d'autres. Et on lui
fait des adhérents jusque parmi les bonnes
bêtes, qui ne jouiront jamais de ses faveurs,
mais à qui on ne laisse pas de les faire espérer. — Tous les adversaires du gouvernement
sont les ennemis de la faveur — des autres ;
et ils ne le combattent que pour avoir leur
tour de faveurs. — Pas un ministère ne dure-
rait, pas un sénateur, pas un député, pas un
conseiller général ou d'arrondissement, pas
un maire ne garderait son mandat en ne s'inspirant que de la justice ; et c'est de la politique ce qui éloigne les hommes justes. C'est
aussi ce qui fait du suffrage universel, tel
qu'il fonctionne, une institution profondément immorale et démoralisatrice. Mais en
vain chercherait-on mieux.

* *

La République en France est en voie de
rallier tous les suffrages. Peu sont ou se disent
ennemis du principe républicain, et ils ne
laissent pas d'être sincères. On n'est qu'ennemi de la république qui gouverne quand

on n'en est pas. — Les cléricaux s'accommoderaient fort bien d'une république cléricale. Ceux qui la veulent plébiscitaire convoitent surtout l'influence, les places qu'ils n'ont pas. La république parlementaire suffit très bien à ceux qui distribuent les faveurs, ou qui en jouissent. Mais leur festin est sans cesse troublé, mis en question par les menées des ambitieux et des affamés qu'ils tiennent à l'écart. — « J'y suis, j'y reste », disent les uns. — « Ote-toi de là que je m'y mette », clament les autres. — Seule la République sociale, ouverte à tous et mettant chacun à sa place, peut assurer la paix sociale.

V

A voir l'humanité ce qu'elle est, on serait plutôt porté à désespérer d'elle, si l'on ne voyait les hommes en majorité mauvais moins par volonté que par nécessité : tous nos mauvais sentiments sont exaltés ; nos bons — contenus.

*
* *

A mesure que les bons sentiments germent en nous, telles sont les conditions de la vie sociale qu'ils sont étouffés aussitôt nés par le sentiment de la conservation. — C'est un grand mal que d'avoir plus de cœur que d'argent.

*
* *

Ce qui est extraordinaire, c'est qu'avec l'ordre social qui nous régit, on trouve encore des hommes pour se dévouer. Et c'est ce qui témoigne bien de l'excellence de la nature humaine et de tout ce que l'on peut attendre d'elle, quand chacun sera assuré de recevoir le prix de son sacrifice.

*
* *

Il convient de remarquer que le dévouement

pour les personnes est surtout le fait des races inférieures. On a vu des esclaves, on voit des serviteurs se dévouer pour leurs maîtres, — des noirs pour des blancs, — mais le réciproque est bien rare.

*
* *

De deux amis le plus prompt à se dévouer, c'est l'inférieur, parce que c'est pour lui que l'amitié est la plus fructueuse.

*
* *

Je suis bien obligé de reconnaître que le dévouement est le plus souvent à l'honneur de celui qui l'inspire.

*
* *

Les natures supérieures se dévouent pour une idée, une cause qui leur est chère. — Les milieux sociaux nous font l'égoïsme tellement féroce que le plus grand nombre ne se dévoue pour rien du tout.

*
* *

L'homme qui se donne tout à sa patrie, à la cause qu'il a embrassée, est simplement un homme qui n'était pas né pour leur refuser quelque chose. Et s'il s'imagine qu'il y a du mérite, c'est qu'il ne s'analyse pas.

*
* *

Il en est pour qui le dévouement est pure-

ment impulsif. Ça se constate et ne s'analyse
pas.

*
* *

Ces actes de dévouement autour desquels
nous faisons grand tapage, le chien les fait
tout naturellement. — Il y a des hommes qui
sont nés chien — et de toutes les races : ro-
quets ou griffons, mâtins ou terre-neuve, et de
chasse et de garde, — et qui se dévouent
comme eux, à leur façon, sans réclame.

*
* *

Le chien n'est point ce qu'il y a de meilleur dans l'homme, mais notre orgueil en a
fait ce que nous prisons le plus — chez les
autres.

*
* *

La théorie du dévouement en soi, c'est-à-
dire sans intérêt, sans amour ou sans réciprocité, est, en dehors de la vocation, impossible à soutenir parce qu'il y aurait là un effet
sans cause.

*
* *

Que si l'on se dévoue à un être sans l'aimer,
c'est par impulsion, par intérêt, par commi-
sération ou sentiment du devoir. Or la pitié
est en nous ; et, dans nos devoirs, c'est nous-
mêmes que nous aimons.

*
* *

Si le dévouement pur était libre, on ne

trouverait personne pour l'exercer. — Les hommes de dévouement sont nécessaires aux fins de l'humanité, et c'est pour cela que la nature incessamment en crée.

*
* *

Il n'y aurait point de martyrs sans la force interne qui les fait. — La foi est la force qui conduit au martyre, et qui l'a vainement se révolte contre elle : mille fois étouffée par sentiment égoïste, elle renaît sans cesse pour la satisfaction d'un égoïsme supérieur. — C'est que bon gré mal gré il faut que tout homme accomplisse sa destinée selon ses facultés, — sous la réserve des circonstances qui peuvent contrarier, mais non point étouffer la volonté.

*
* *

Les plus empressés à admirer le dévouement ou à le préconiser chez les autres, sont précisément ceux qui n'y sont point portés. Quand au contraire on éprouve soi-même du plaisir à se dévouer, on trouve tout naturel le dévouement chez les autres. — Mais aussi a-t-on souvent grand tort de ne pas comprendre que tout le monde ne soit pas fait pareil.

*
* *

Je voudrais insister sur ce point — qu'il faut un don spécial pour comprendre chez les autres ce qu'on ne sent pas en soi. — Les personnes chastes ne comprendront jamais

la volupté — si naturelle aux voluptueux. —
La fourmi n'a jamais compris la cigale.

*
* *

On ne prend bien part aux maux des autres
que lorsque leurs maux nous atteignent.

*
* *

Même chez les gens qui vous plaignent sincèrement, on sent une secrète satisfaction à
avoir à vous plaindre.

*
* *

Il y a des âmes tellement compatissantes
qu'il leur faut à tout prix des malheureux
pour se donner la satisfaction de s'attendrir
sur leur sort. Que si elles s'imaginent qu'en
telle occurence vous deviez souffrir, elles ne
vous pardonneront point de n'en rien faire.
— Il en est d'autres à qui il ne déplaît pas
d'avoir des malheurs à déplorer, pour qu'on
les plaigne.

*
* *

Regarder au-dessus de soi pour être heureux n'est déjà pas d'une si belle âme, puisqu'il nous faut la vue de plus grandes misères pour atténuer, oublier les nôtres.

*
* *

Si la vue des maux des autres nous faisait
sentir plus vivement les nôtres, à ce prix nous
deviendrions peut-être capables de l'effort, de

l'union nécessaires pour du mal tous nous sauver.

*
* *

Pourtant tels sont les hommes et les choses, que sans les satisfactions qui nous viennent du mal des autres, il y aurait peu de bien sur la terre.

*
* *

La tragédie et le drame ne nous charment que par goût de la souffrance humaine.

*
* *

La comédie ne nous amuse que parce qu'elle met en scène des personnages ridicules, dont les déconvenues sont un aliment à notre méchanceté.

*
* *

Nous aimons la musique triste parce que nous y trouvons un écho de nos maux présents ou passés, et que surtout nous nous plaisons à imaginer dans l'auteur un être qui a souffert.

*
* *

La musique gaie seule est saine et fait les cœurs bons.

*
* *

Il faut avoir le courage de tout dire : on compatit d'autant mieux au malheur de ses

amis — tant qu'on a que des larmes à répandre ou des condoléances à apporter.

*
* *

Nous sommes de cœur avec l'ami qui a
perdu son père, sa mère, sa femme, ses
enfants, parce que nous avons peu ou rien à
verser. A-t-il perdu sa fortune ! aussitôt nous
nous détachons de lui, de peur qu'il ne vienne
nous demander de l'argent.

*
* *

Que vaut-il mieux, perdre sa fortune ou
ses enfants ? — Pour soi, pour eux, pour la
société, dans la pluralité des cas, ses enfants.

*
* *

On a pour ses enfants mille préoccupations
qui cessent — quand on les a perdus.

*
* *

On a pour ses enfants des préoccupations
d'autant plus vives que davantage on les aime
ou que plus en eux l'on s'aime.

*
* *

La douleur de perdre ses enfants, si grande
qu'elle soit, est rarement à la hauteur des
soucis qu'on a — à les conserver : l'intensité
le cède à l'étendue.

*
* *

Les conditions de la vie sociale étant ce
qu'elles sont, les satisfactions ou les joies qui

nous viennent de notre descendance, sont bien pâles au prix des déceptions ou des tourments que, par la vie ou la mort, nous recevons d'elle.

*
* *

« La vie est une vallée de larmes » — Oui, comme elle est, non, comme elle pourrait être. — Mais à force de l'entendre dire et de le constater, nous nous habituons à croire le mal irrémédiable, et nous nous y résignons trop — malheureusement.

*
* *

Toute joie nous est source de peine, en sorte qu'il n'y a guère que des maux qui ne nous arrivent pas que raisonnablement nous devrions nous réjouir.

*
* *

Dans une société bien faite, on pourrait pleinement jouir de ses amis et de ses enfants. — De la société mal faite, il n'est pas un jour de notre existence où, par eux ou pour eux, nous ne sentions le poids.

*
* *

'On donne volontiers ses soins, son temps, sa peine à ses amis. Son argent, point. — Et comme l'argent imprime à tout ce qu'il touche sa marque impure, qui a le cœur haut

placé aime mieux mourir de misère que de
vivre de charité.

* *

On dépense des sommes folles — selon ses
moyens ou contre ses moyens — pour gorger de
vins et de victuailles des gens qui mangent bien
chez eux. On regarde à l'aumône que sur les
reliefs du festin on fait au pauvre qui a faim.

* *

Passer ou se faire passer pour plus riche ne
présente point que des avantages : on passe
pour avare quand on ne l'est pas ; on froisse
ses amis qui s'imaginent qu'on pourrait les
obliger, quand on ne peut pas. — Les meilleurs ou les plus vaniteux se gênent ou se
ruinent pour ne pas faire mentir leur réputation.

* *

L'argent sème la division dans les familles,
contrarie les amitiés, entretient le vice, engendre la corruption ; et tout notre organisme
social repose — sur l'argent ; et l'on trouve
pour le défendre des gens qui n'en ont point.

* *

Argent ! argent ! ce n'est pas seulement
de toi que découlent toutes les bassesses,
tous les parjures, tous les crimes, tu taris
encore ou corromps en nous la source des
sentiments les plus purs. — Les cœurs les

meilleurs s'endurcissent aux nécessités de l'existence.

*
* *

De la charité, de l'amour certains en mettent dans leurs discours, dans leur prose ou leurs vers, au point qu'il ne leur en reste plus pour l'action.

*
* *

La gloire de Victor Hugo brillerait d'un éclat incomparable sans l'argent. — Lui qui toute sa vie posa pour la postérité sentit sa tare ; et pour les œuvres de charité il fut toujours prodigue de ses vers — pour célébrer la charité. — Peu sensible à la douleur des autres, nul ne trouva de plus beaux accents pour la peindre.

*
* *

Tout ce qui a battu de passions généreuses au cœur de ses contemporains s'est admirablement stéréotypé en son cerveau pour en sortir merveilleusement agrandi. — Par une illusion d'optique fréquente chez les grands esprits, il a cru avoir le cœur de son cerveau.

*
* *

« La fortune ne fait pas le bonheur ». — Est-ce un bien ? est-ce un mal ? — Un bien en ce que les riches peuvent être plus facilement amenés à sacrifier leurs richesses ; un mal, parce que les infortunes des riches rendent plus patients les pauvres à supporter leurs misères, et que surtout elles contribuent à entretenir dans l'esprit des simples la croyance que le mal ne peut être vaincu, puisque les riches eux-mêmes n'en sont point exempts. — Le « chacun a ses peines », fait juste et nécessaire, ne prouve nullement que le bonheur ne pourrait être et grand pour tout le monde.

*
* *

Il n'est point vrai que la vie d'un homme vaille la vie d'un autre homme. — La vie d'un homme vaut par les services qu'il rend ou peut rendre à ses semblables. Ainsi un jour de la vie d'un savant vaut celle d'un millier d'êtres inutiles.

*
* *

La vie des inutiles ne vaut que pour eux, et leur mort passe justement inaperçue ; tandis que voyez l'émotion qui étreint tout un peuple à la mort d'un grand citoyen. Quel beau cri d'égoïsme !

*
* *

Les inutiles ne laissent après eux nul sillage : une sorte d'auréole, dans le temps comme dans l'espace, s'attache à la mémoire et au nom des grands bienfaiteurs de l'humanité.

*
* *

Il y a quantité d'êtres humains dont la vie

ne vaut pas plus que celle d'un carnivore ou d'un ruminant, et qui meurent comme eux, ayant éprouvé la joie ou connu la souffrance, sans avoir jamais songé à les analyser, pas même à remonter aux causes.

* *

Remonter aux causes ! — quand l'humanité sera capable de remonter aux causes de ses maux, le mal ne sera pas loin d'être vaincu.

* *

On souhaite ce qu'on n'a pas, et on le dédaigne quand on l'a. — Cela n'est vrai que pour les choses que l'on a souhaitées déraisonnablement.

* *

Il ne suffit pas que le bonheur de l'homme soit dans le bien, il faut qu'il le voie ainsi ; et ce ne sera pas encore assez qu'il le voie, tant qu'il ne sera pas organisé pour le goûter tel, — ce qui ne peut être que le fait de l'homme perfectionné.

* *

L'homme primitif n'a pu être heureux ni par le mal ni par le bien ; — par le mal, parce qu'il ne donne que des satisfactions passagères, et que toute œuvre de mal, en tant que créatrice de mal, est toujours expiée, ne fût-ce que par les réactions qu'elle engendre ; —

par le bien, parce qu'il n'était organisé ni pour le faire ni pour en jouir. — Dans les périodes de civilisation qui ont suivi la pleine barbarie, l'homme non plus n'a pu être pleinement heureux ni par le mal ni par le bien ; les méchants, parce que méchants, — les bons, par le fait des méchants.

*
* *

Il faut à l'humanité pour être pleinement heureuse trois conditions: la conception du bien dans les esprits ; son organisation dans les choses ; un état de perfection qui lui fasse apprécier les seules jouissances du bien. — En attendant, elle ne peut que jouir d'un bonheur relatif, proportionné à la somme de justice qui régnera dans les institutions et à la moralité qui sera dans les cœurs.

*
* *

Etant donné l'esprit des hommes, ce n'est pas encore assez de tout le mal qui sur eux fond, puisqu'il ne suffit pas à leur ouvrir les yeux.

*
* *

La cause de tous nos maux est dans un égoïsme étroit qui voudrait nous voir seuls heureux. Le remède est dans un effort constant pour chacun à travailler au bien de tous.

*
* *

Je ne vois guère autour de moi que des

gens heureux, en apparence, mais qui sont en réalité tourmentés par l'ennui, les préoccupations ou les soucis, ou l'étaient hier, ou le seront demain. Autant de fois qu'il m'est donné de sonder le fond de leur mal, j'y trouve un vice de l'organisation sociale plus encore que de leur propre organisation. Mais tel est leur aveuglement que, pour peu qu'ils aperçoivent une issue, une voie pour sortir du mal présent ou prévu, ne se doutant pas qu'aussitôt délivrés de ce mal, il en surgira un autre, n'allez pas leur demander de toucher aux institutions existantes, dans leur crainte que d'autres qu'eux-mêmes profitent du changement. Et quand le malheur les frappe, valent-ils bien qu'on les plaigne ?

*
* *

Nous voudrions bien tous la révolution ou la réaction ; mais beaucoup n'en veulent que juste ce qu'il en faut pour améliorer leur sort à eux. Après quoi ils s'accommoderaient fort bien du mal des autres, s'inspirant de l'adage que tout le monde ne peut pas être heureux. — C'est à cet état d'esprit que nous devons la pluralité des maux qui nous accablent et qui ne finiront que lorsque chacun aura pris en main les intérêts de tous.

*
* *

Chacun se plaint de son sort et ne dit que le moins de ses maux. — On croit ses voisins

plus heureux et on veut le paraître plus. —
On n'a pas idée du mal que se font les hommes pour paraître heureux.

*
* *

Le fond de notre misère n'a d'égal que le fond de la bêtise humaine.

*
* *

La masse des hommes est encore si bête qu'elle n'a d'estime que pour ceux qui l'exploitent.

*
* *

On voit force personnes qui mettent tout leur bonheur à faire croire que, du bonheur, elles en ont.

*
* *

Combien pour avoir trop voulu faire envie, sont devenus des êtres de pitié !

*
* *

Il y a des gens qu'à les voir marcher si gras, si repus, si remplis d'eux-mêmes, on dirait qu'en leur personne ils portent le saint-sacrement.

*
* *

Rencontré-je deux hommes, l'un bien habillé, pas l'autre, je me dis que si c'était l'autre qui fût bien habillé, c'est lui qu'on saluerait, pas l'autre !

*
* *

Le riche a telle façon de parler, de marcher, de tousser, de cracher, qui n'appartient qu'à lui. — Même mal habillé, le riche, ça se connaît. — Mais rien de curieux à observer comme l'habitude gênée d'un ancien riche : il a toujours l'air de chercher quelque chose — et n'ose dire quoi.

*
* *

Timide en ses gestes, humble dans ses discours, le pauvre ne marche pas, il glisse — d'autant plus honteux de sa misère qu'elle est moins méritée. Cependant le riche s'épanouit dans son luxe — d'autant plus arrogant que sa fortune est plus mal acquise.

*
* *

L'habit, non plus que la richesse, ne donne pas de valeur à celui qui le porte, mais il donne sûrement de l'importance. — On voit des personnes des deux sexes, sans valeur aucune, mais si bien habillées qu'il serait miracle si elles ne se croyaient de l'importance — quand tant de badauds leur en donnent.

*
* *

Le même homme, suivant qu'il est bien ou mal habillé, n'est plus le même homme. Il le sent, nous le sentons tous, témoin cette gêne qu'il éprouve, que nous éprouvons avec lui, à nous rencontrer avec un homme que nous avons connu bien habillé, et qui ne l'est plus.

*
* *

Etre bien habillé n'est pas le premier besoin de l'homme, c'est sa première aspiration. — Quand un homme ne sent plus la honte d'être mal habillé, c'est qu'il a perdu toute pudeur.

*
* *

Il y a une pudeur de costume comme de la chair. On peut n'avoir ni l'une ni l'autre, ou les avoir toutes les deux, mais l'une peut bien aller sans l'autre.

*
* *

C'est pour sauver cette pudeur du costume pour elles et leurs enfants, qu'on voit des mères abdiquer toute pudeur.

*
* *

Qui a conservé le respect de lui-même n'hésite pas à se serrer le ventre pour s'offrir une belle ceinture.

*
* *

La pluralité des jeunes filles pauvres tombent dans la galanterie moins par vice, moins encore pour bien manger que pour être bien parées.

*
* *

Je ne recommande pas cette façon de comprendre le respect de soi-même. Mais il faut bien convenir qu'en raison des souffrances d'amour-propre qu'ont à subir les pauvres filles mal habillées, l'occasion de s'y soustraire est tentante.

*
* *

La *fille* bien habillée sait bien qu'on la méprise, mais au moins a-t-elle en soi la satisfaction de savoir ou de croire qu'elle fait des jaloux ou des jalouses. — Faire envie est au fond de chacun de nous, et l'on fait envie comme on peut.

*
* *

Dans la galanterie il en faut qui réussissent pour encourager les autres. — Seules réussissent celles qui y apportent beaucoup d'art et point d'amour.

*
* *

Celles qui, entrées pauvres dans la galanterie en sortent riches, jouissent d'une considération que la vertu pauvre ne connaît pas.

*
* *

Vu que dans le monde de la galanterie on ne trouve que des femmes jolies, ou qui l'ont été, il est vraisemblable qu'à beaucoup de laides il n'a manqué, pour y entrer, que d'être nées jolies.

*
* *

A qui la faute si dans le monde, au bal, en public, dans l'intimité, bien habillée, la femme, on la recherche, mal habillée, on la dédaigne ? et si l'on fait au marché autant de cas de sa belle mise que de sa belle chair?

*
* *

Les filles pauvres et laides portent bien plus envie à une belle robe qu'à une belle tournure ou un beau visage.

*
* *

Les différences d'esprit ou de talent ne sont point un obstacle à l'égalité, à la fraternité : on voit très couramment sympathiser ensemble des êtres très inégaux de talent ou d'esprit. Le véritable obstacle, le seul, est dans le costume et dans l'éducation.

*
* *

Dès qu'on veut mettre une classe d'hommes sur un pied d'égalité, on les habille tous pareils.

*
* *

Qui pourrait sonder le fond de mépris que recèle l'âme d'un laquais — richement habillé, pour un homme libre — pauvrement habillé?

*
* *

Il n'y a pas que les cuistres bien habillés qui rougissent de leur famille — mal habillée.

*
* *

On se respecte plus soi-même quand on est bien habillé.

*
* *

Quelque haute estime qu'on ait de soi, on ne peut pas ne pas se sentir déprécié physiquement, intellectuellement et moralement — sous la capote et le képi d'un réserviste. — L'orgueil d'un général n'y résisterait pas.

*

* *

Otez d'un général ses croix, ses plumes, ses galons, que reste-il ? — Moins qu'un bel homme tout nu.

*

* *

Les petits ont besoin d'être mal habillés pour sentir toute la grandeur des grands, — comme c'est par l'éclat du costume que gens de robe et d'épée et de crosse conservent auprès d'eux un reste de prestige.

*

* *

On trouve dans la haute bourgeoisie des types aussi laids, aussi bêtes, aussi vicieux que dans le bas peuple. — Avec même éducation, même habit, rien ne les distinguerait plus.

*

* *

Si les costumes éclatants satisfont la vanité, au prix de quelle gêne sont achetées d'aussi puériles satisfactions !

*

* *

Cette vanité des costumes dorés, galonnés, boutonnés commence à être si bien sentie que les gens bien nés s'en débarrassent sur la tête et le dos de leurs valets.

**

On attachera bien moins d'importance à la mise quand tout le monde pourra être bien habillé, et chacun s'en trouvera moins gêné.

**

Pour le traiter sur un pied d'égalité, va-t-on demander à un homme s'il a de l'esprit, de la science, de la dignité, s'il est bien habillé ? — Mais s'il est mal habillé, c'est double esprit, triple science, quintuple dignité qu'il lui faut pour se commettre avec lui. Et même alors auprès des gens qui ne le connaissent pas, se croit-on obligé de l'excuser.

**

On consent assez bien à se montrer, et encore dans le petit monde, avec un homme mal habillé, quand on peut le faire passer pour son valet.

**

L'homme bien habillé se donne à ce point de l'importance que le plus beau talent cesse de l'offusquer — mal habillé.

**

On surfait le caractère, le talent, l'esprit d'un homme mal habillé pour s'excuser de se trouver avec lui.

**

Le même homme, il arrive qu'on le recherche ou qu'on l'évite, suivant qu'il est bien ou
mal habillé ! — Le même homme humblement
frôle les murs ou s'étale aux places publiques,
selon qu'il est mal ou bien habillé.

*
* *

Les meilleurs — bien habillés — n'échappent pas à cette honte stupide d'être rencon-
trés avec des gens mal habillés, à moins que
ces derniers ne soient très riches et connus
pour tels. — Il n'y a que les gens riches à qui
sans déconsidération il soit permis d'aller mal
habillés.

*
* *

C'est moins pour soi que pour les autres
qu'on fuit la société des gens moins bien
habillés qu'au fond l'on estime : on craint les
questions et les commentaires.

*
* *

On évite surtout la fréquentations de ses
parents mal habillés. — « Quelle était donc,
ma chère madame, cette personne si mal atti-
fée avec laquelle on vous vit hier ? » — Pour
peu que cette personne soit votre belle-mère
ou votre belle-sœur, vous voilà, madame,
bien gênée. Vous rougissez et... vous mentez.
Une mauvaise action vous coûterait moins à
avouer, et vous n'auriez pas tort : elle vous
diminuerait moins.

*
* *

La peur du qu'en-dira-t-on vous fait fuir la société de gens qui vous plaisent ou que vous aimez, pour rechercher celle de personnes qui vous rasent — ou qu'on importune.

*
* *

On éprouve le besoin de faire l'éloge de la personne plus mal habillée avec laquelle on a été rencontré — et plutôt la critique de la personne mieux habillée.

*
* *

Quand pauvrement ou modestement vêtu vous êtes présenté par une personne correctement habillée à des gens très bien habillés, elle ne manque pas de relever votre mérite. — Vous croyez que c'est arrivé : vous rougissez ou vous vous gonflez. — Détrompez-vous : on n'a voulu que s'excuser d'avoir en vous si peu de chose à présenter. C'est une offense qu'on vous fait. On présente simplement les gens qui se présentent bien.

*
* *

Dans l'ami que l'on présente, en faisant valoir son mérite, on vise surtout l'honneur d'être son ami.

*
* *

On n'a presque pas besoin d'être présenté, quand on est très bien habillé.

*
* *

Quand on a surmonté la honte de se produire avec un parent pauvre, on se fait à soi-même et aux autres un titre d'honneur de cet acte d'humilité. — Il serait effectivement méritoire si l'on ne mettait de l'ostentation à montrer qu'on n'en rougit pas. — Saint Vincent de Paul recevant en son palais épiscopal la visite d'un cousin pauvre, son premier mouvement fut de le faire mettre à la porte. Au second mouvement il le présenta à sa noble compagnie, se montra avec lui dans les rues de la ville, et à tous les amis qu'il rencontrait : C'est, disait-il, mon cousin. — Il n'eût point éprouvé le besoin d'humilier son orgueil s'il ne l'eût senti touché.

*
* *

Bien habiller l'humanité, c'est la transformer physiquement, intellectuellement et moralement. — C'est aussi porter les premiers coups à ce sentiment odieux : l'envie, — ce sentiment ridicule : la vanité.

*
* *

L'envie a ceci de bon que toujours on la suppose chez les autres, quand ils ne partagent pas notre admiration pour nous-mêmes.

*
* *

Mieux vaut un envieux qui vous critique qu'un ami complaisant qui vous loue.

*
* *

L'ennui d'être loué par ses amis, c'est qu'il est toujours bien difficile de faire la part de la complaisance.

.*
* *

Nous serions plus souvent avec nos amis sincères, si nous étions plus assurés que ce sont bien des avis qu'ils nous demandent, et non point des éloges.

*
* *

Quand un ami vous apparaît à l'avance satisfait de son œuvre, comment ne pas prendre sa part de son contentement ! — d'autant que les ennemis ne lui manqueront pas, non plus que les indifférents, pour lui gâter sa joie, si son œuvre est mauvaise.

*
* *

Il y a de l'agrément aux amis qui vous flattent — mais point de profit.

*
* *

Bien que je sois comme un autre sensible à l'éloge, je me sens tout de suite porté à estimer qui ne me flatte pas.

*
* *

Le châtiment, je dirai immérité, de ceux qui ont d'eux-mêmes une trop bonne opinion, c'est de voir que personne ne la partage.

*
* *

Louer l'esprit d'un sot, c'est en avoir — à ses yeux.

*
* *

Jusqùe dans la modestie il y a place pour la vanité : on est vain d'être modeste.

*
* *

Notre vanité s'éveille au moindre compliment qui la flatte : c'est le premier mouvement. — Bien peu sont capables du second mouvement, qui est de se rendre justice.

*
* *

A chaque pas je sens la vanité qui me monte au cerveau : sans cesse refoulée elle revient sans cesse.

*
* *

J'ai pourtant des états d'âme de pleine modestie, et ce sont mes meilleurs ; mais je crois bien qu'il y a encore de la vanité à se sentir modeste : on ne se sentirait point modeste, si l'on ne se croyait du mérite.

*
* *

La vanité chez les sots leur est une compensation à leur absence de mérite.

*
* *

Il y a des hommes qui ont sûrement du mérite, mais on ne les gobe pas : ils se gobent trop.

*
* *

Tous les hommes de mérite se feraient une loi de la modestie, s'ils en connaissaient le prix.

*
* *

La modestie est un fruit si rare que, dès qu'un homme en a, on lui en fait un mérite.

*
* *

La modestie — apparente n'est qu'un art de se faire valoir.

*
* *

Prendre conscience de sa vanité, vain, c'est déjà moins l'être. — Et quand il sera acquis qu'on a aucun titre à être vain, nul ne le voudra plus paraître, et ce sera pour les autres comme si on ne l'était pas — et l'on finira par ne plus l'être.

*
* *

Le premier sentiment qui se manifeste chez le sauvage, comme chez l'enfant, c'est la vanité ; leur premier instinct : la propriété. — Comme à l'enfance de l'humanité, l'une et l'autre se retrouvent à l'enfance de l'homme.

*
* *

L'homme vain tient à la fois de l'animal, de l'enfant et du barbare. Ni animal, ni enfant, ni barbare, c'est être civilisé ; et l'homme le sera pleinement, quand la vanité aura fait place en lui au pur amour de la beauté. Mais il fallait que la première s'éveillât pour que pût s'épanouir l'autre.

*
* *

C'est par la vanité que l'homme a pris le sens de la beauté. L'ultime beauté est la beauté morale, qui trouve son expression la plus parfaite dans la modestie, arrière-petite-fille de la vanité, fille de l'*impersonnalité*.

*
* *

Quand j'applaudis un bon musicien ou un bon chanteur, je n'ai nulle idée de lui faire un mérite de son art. J'applaudis au plaisir qu'il me donne, et pour en avoir d'autre.

*
* *

Dans la cité future l'artiste ne tirera nulle vanité de son talent, mais il s'exercera à l'accroître, par goût d'abord, et ensuite pour intéresser l'égoïsme de ces concitoyens à lui faire parmi eux une meilleure place — par le plus de plaisir qu'il leur apportera.

*
* *

L'instinct de la propriété est particulièrement développé chez le sauvage, chez l'enfant et chez le vieillard : ce qui implique qu'il est le fait d'une mentalité inférieure. — Une mentalité supérieure est nécessaire pour vouloir et réaliser la propriété collective.

*
* *

Vainement argue-t-on des premières sociétés qui ont été communautaires. — Pour passer de l'état de chasseur sauvage à la vie de pasteur nomade dans l'état de communauté, il a fallu un premier progrès de l'esprit humain. — Si les hommes s'en sont écartés depuis, et de

plus en plus, c'est que cet écart était nécessaire aux progrès de l'humanité, comme il
faudra qu'elle y revienne pour achever sa destinée dans l'ordre et l'harmonie.

*
* *

L'économie et la prévoyance ne sont point
des vertus sociales, mais des qualités stricte-
ment égoïstes.

*
* *

Si la grande majorité des hommes devenait
économe et prévoyante, du coup la société
s'effondrerait.

*
* *

C'est par la dissipation, le luxe, l'alcoo-
lisme, la débauche, la misère que notre société
s'entretient, comme aussi elle en meurt. —
C'est aussi par l'injustice : ceux qui en profitent ou espèrent en profiter, constituent sa
garde prétorienne. La vertu n'y peut qu'avoir
la moindre place.

*
* *

Parce que tout repose sur l'injustice, nous
nous ruons vers elle, non pour l'abattre, mais
la faire fructifier à notre avantage. — Mais
tôt ou tard elle se retourne contre nous.

*
* *

Chacun se plaint de l'injustice qui l'atteint
et ne fait rien contre l'injustice. — Dans une
société où fleurit l'injustice, les lois injustes

y poussent naturellement, et les justes lois y font triste figure.

*
* *

Il y a des gens qui, faute de s'analyser, se font à leurs propres yeux un mérite de défendre la justice, comme s'ils pourraient aussi bien la combattre.

*
* *

A celui qui pourrait dire : Je serais capable de défendre l'injustice, et j'y gagnerais argent, considération, honneurs, et je combats pour la justice, sans avantages dans le présent, sans espoir d'avantages pour l'avenir, et je ne me détournerai pas de la justice, — je serais disposé à reconnaître du mérite. — Mais je ne risque rien d'offrir récompense honnête à qui me rapportera cet oiseau rare.

*
* *

Les hommes ne produisent que les actes pour lesquels il sont organisés : le milieu, les circonstances les portent plus ou moins à être justes ou injustes. Mais je crois que beaucoup qui vont à l'injustice iraient de préférence à la justice, s'ils étaient assurés d'y faire aussi bien leur chemin.

*
* *

Je vois tous les partis appeler sur leurs adversaires les rigueurs du gouvernement, et pour eux-mêmes réclamer toutes les libertés.

Et tous ces hommes se croient justes. — Et dans l'air empesté d'injustice où nous vivons, un parti juste ne saurait vivre. — Et cependant les choses vont comme il convient, lentement, à la justice, au progrès.

*
* *

Ceux-là seuls ont vraiment au cœur la haine de l'injustice, qui en ont souffert : les bons pour la combattre, les méchants pour la rendre.

*
* *

A la prévoyance individuelle utile à quelques-uns, il faut substituer la prévoyance sociale utile à tous.

*
* *

C'est moins de prévoyance que manquent la plupart des hommes, que de facilités pour l'exercer, ou de force pour résister aux tentations.

*
* *

Il appartient à la société de faire naître les circonstances capables de sauver l'homme de lui-même.

*
* *

L'homme prévoyant sacrifie le présent à l'avenir ; l'imprévoyant, l'avenir au présent. Ni l'un ni l'autre ne jouit pleinement de la vie.

*
* *

« La question sociale n'est au fond qu'une question de morale », a-t-on dit. — Oui, si l'on entend par là qu'il faut organiser la société selon la morale, laquelle autrement, faute d'un milieu favorable, s'éternisera dans les livres.

*
* *

Du moment qu'il y a abondance de production et de producteurs, le nombre dés parasites croît nécessairement. — Que ce soit sous la forme de fonctionnaires, d'intermédiaires, ou d'oisifs riches ou mendiants, ils résultent de la loi du moindre mal, et sont la providence de ceux qui travaillent et qui produisent.

*
* *

Il n'y a jamais trop de riches qui font la fête. On ne se plaint que des riches qui travaillent.

*
* *

Dans le besoin de consommation où nous sommes, il faut toute la dissipation des riches, toute leur valetaille bien nourrie, leurs ruineuses maîtresses, leurs folles orgies pour augmenter le nombre des travailleurs et diminuer celui des meurt-de-faim.

*
* *

Tant que durera la société capitaliste, il faut des riches et des grands riches. Elle n'en

produirait point s'ils ne lui étaient nécessaires.

*
* *

Dans l'Etat capitaliste, tout le monde ne
peut pas être riche. Sous peine de retourner
à l'antique barbarie, de réaliser l'égalité de
la misère, — et ceux qui la voient dans le
succès de l'idée socialiste ne sont que consé-
quents avec l'esprit capitaliste, — on ne peut
s'y passer des riches et des grands riches. Au
commerce, à l'industrie, à l'agriculture il faut
des capitaux énormes. On n'eut jamais besoin
de tant d'argent. Et autant de fois que l'on se
place au point de vue capitaliste, on a raison
de dire que l'Egalité, la Fraternité, j'ajouterai
la Liberté sont de folles utopies. Mais aussi
quelle imprudence d'en avoir inscrit les noms
sur nos monuments publics, où ils ne laissent pas de faire rêver !

*
* *

Les riches, si vermoulus qu'ils soient, n'en
constituent pas moins les colonnes — vénéra-
bles et vénérées — de notre tremblant Etat.
Attaquer les riches, c'est saper la société jusqu'en ses fondements. Ils en ont pleinement
conscience ; et en se défendant c'est la société
même qu'ils défendent.

*
* *

Comme chaque arbre, chaque institution

porte ses fruits. Les fruits de l'institution
capitaliste sont ce qu'ils doivent être : elle
n'en saurait porter d'autres.

*
* *

Toutes les fois que vous faites les riches
moins riches, vous diminuez leur puissance
de consommation — et d'autant le travail et
la production.

*
* *

Si vous faites perdre aux riches leurs richesses, vous en faites des escrocs, des mendiants
ou des travailleurs, triple fléau pour l'Etat,
qui a déjà trop de ces trois espèces. En aug-
mentant le nombre des travailleurs vous
dépréciez le prix du travail et de la marchan-
dise.

*
* *

Les riches parasites sont un tel bienfait pour
l'Etat que partout où ils sont nombreux, l'agriculture, le commerce, l'industrie, la prostitution, l'art, l'impôt — tout va. Comment donc
pourraient-ils ne pas se croire indispensables !
Et les honneurs qu'on leur rend ne sont à
leurs yeux qu'une mince récompense pour
tant de services rendus.

*
* *

Pourtant, dit-on fort justement dans un certain camp, ce sont les pauvres qui font vivre
les riches. Mais de l'autre, avec non moins de

justesse, l'on riposte : Non, mais les pauvres qui vivent des riches. Deux vérités qui s'opposent sans se détruire : elles s'entretiennent de fait l'une par l'autre, comme la plaie — du mal.

*
* *

Les pauvres sont la plaie des riches, et des pauvres les riches — la gangrène.

*
* *

La fréquentation des riches, des grands riches est un danger pour la bourse ou pour la dignité : on ne peut qu'être leur parasite ou se ruiner.

*
* *

On laisse son indépendance à la porte de l'homme chez qui l'on mange. En dégustant son vin, il vous faut goûter son esprit, ce qui souvent le vin le gâte.

*
* *

La reconnaissance du ventre n'est point déjà chose si recommandable ; on a l'air de dire : Donnez-m'en d'autre.

*
* *

Quand on a eu la faiblesse d'accepter ce qu'on ne peut rendre, on fait preuve de dignité en ne se mettant pas dans le cas d'en recevoir d'autre.

*
* *

La grève des riches ne serait pas moins

désastreuse que celle des travailleurs. La grève des travailleurs créerait la famine dont ils seraient les premières victimes. Avec 500 000 hommes résolus à mourir de faim, peut-être pourrait-elle aboutir à la révolution. Mais si les riches faisaient la grève — de leur paresse, si d'oisifs ils devenaient travailleurs, s'ils congédiaient leur domesticité, renonçaient à leur luxe, se corrigeaient de leurs vices, il y aurait du coup tant et tant de misère qu'on les supplierait de partout de revenir à leur oisiveté, à leur luxe, à leurs vices ; et pour peu qu'ils fissent les récalcitrants, on envahirait leurs maisons, on les égorgerait, on les exterminerait — à moins que de la nécessité avant la révolution ne jaillît. Mais à toutes fins peut-on raisonnablement leur demander tant d'abnégation, tant d'héroïsme ! Aussi de ce côté la grève n'est point à craindre — ou à espérer.

*
* *

Dans l'organisation capitaliste, où le plus grand nombre travaille non pour soi, mais pour un maître, le sentiment de la conservation personnelle pousse en bien des cas l'homme à travailler le moins possible, et nul autre que le maître n'est intéressé à ce qu'il fasse plus ou mieux. C'est au contraire pour les autres une occasion d'avancer, de se faire valoir. — Dans l'organisation socialiste, chacun travaillant pour la collectivité et recevant d'elle toutes les satisfactions légitimes, tout le monde sera intéressé à ce que chacun s'acquitte le mieux possible de son emploi. Loin donc d'avoir à redouter un plus grand nombre de paresseux, on pourrait plutôt craindre de la part des hardis à la tâche un manque d'indulgence pour leurs compagnons moins ardents au travail. — Mais le travail y étant approprié le plus possible aux forces et aux facultés de chacun, et sans surmenage pour personne, les tâches ne laisseraient pas d'être remplies le mieux possible.

*
* *

Sans religion il n'est pas de société possible, clament de concert les prêtres et les riches. — Si par société on entend un rassemblement d'hommes où ce sont toujours les mêmes qui peinent, les mêmes qui jouissent, ils ont pleinement raison : il faut au maintien d'un tel état de choses, une religion — pour le peuple.

*
* *

Une bonne récolte est souvent un fléau à l'égal d'une mauvaise. — Plusieurs années d'abondance jettent la perturbation dans le monde des affaires, et sont une menace de ruine pour les commerçants, qui n'attendent qu'une année de disette pour se refaire. — Incessamment du bien des uns naît le mal des autres, et le mal de chacun rejaillit sur tous.

* *
*

En dépit des économistes tout se heurte,
tout jure, tout crie dans la société capitaliste.
Il n'est point de thèse pour ou contre qui ne
s'y puisse soutenir. — Ainsi nous nous consu-
mons en une course folle à la poursuite d'un
bonheur insaisissable. Vainement nous lui tendons nos pièges les plus subtils ; sans cesse il
nous échappe, parce que nous nous obstinons
à nous l'arracher les uns les autres, tandis
qu'il ne peut et ne veut être que tout à tous.

*
* *

Si les hommes pouvaient être heureux les
uns sans les autres, à cette condition seule le
bonheur universel serait une chimère.

*
* *

A la vue des êtres et des choses qui vous
entourent, il vous vient telle ou telle idée, et
quand une idée vous vient, vous la voulez réaliser — d'autant plus impérieusement qu'elle
s'impose davantage à votre esprit, et qu'elle
vous apparaît plus réalisable. — A mesure que
les circonstances et les milieux deviennent
favorables, il se produit incessamment des
hommes au cerveau desquels s'élaborent les
inventions utiles, naissent les découvertes
opportunes, et poussent les idées nécessaires
à la conduite de l'évolution.

*
* *

Nos espérances en un avenir meilleur ne

fussent-elles dans notre pensée qu'à une longue échéance, que nous serions tenus à la montrer prochaine, pour qu'on veuille nous entendre. C'est en effet la condition indispensable pour rendre la foule capable de l'effort nécessaire à leur réalisation — prochaine ou lointaine. Pour la conduire au sacrifice, il lui faut au moins l'espoir d'en jouir. — Cet espoir serait réalité demain, si nous avions fait la conquête des esprits et des cœurs.

*
* *

En supposant enfin que tant de beaux rêves soient de pures chimères, ils ne laissent pas de répondre à une réalité qui est en nous : nos aspirations à la vie heureuse. — Elles ont été avant nous, elles seront après, elles n'auront point de fin ; car si près que nous approchions du but, il ne sera jamais si bien atteint qu'il ne nous reste rien à faire, ne fût-ce au bout de la carrière que pour le conserver.

VI

Il n'est pas de morale capable de transformer les paresseux en laborieux, de rendre forts les faibles, de donner de l'esprit à ceux qui n'en ont pas. — Quant à l'esprit d'initiative qui fait toute la force de la doctrine individualiste, ceux qui ne le trouvent pas dans les nécessités de l'existence, nulle morale ne saurait le leur donner. Ceux qui l'ont en eux sont par instinct individualistes, parce qu'ils ont à l'avance victoire gagnée. Mais le malheur de leurs victimes, en ce qu'il est un ferment de haine, les trouble dans leurs jouissances.

*
* *

Combien aussi croient porter en eux la victoire, dont chaque étape dans la vie est marquée d'une défaite, ou qui sombrent avant la fin dans l'irrémédiable déroute !

*
* *

Dans la société solidaire l'esprit d'initiative aura toutes facilités de s'exercer, mais seulement pour le bien de tous. — Ainsi une morale intelligente peut amener les privilégiés à faire aux déshérités la place à laquelle ils ont droit, en tant qu'irresponsables de leurs disgrâces.

* *

Un besoin momentané, la misère, les coups de bâton — comme pour les ânes — peuvent bien pousser au travail un paresseux ; mais de l'homme qui porte en soi la paresse, vous ne la chasserez point.

* *

Tel est paresseux pour une chose, qui ne l'est pas pour d'autres. Bien peu sont paresseux en tout.

* *

La société a besoin de tous les genres d'activité. Ces genres sont aussi nombreux que ses besoins. Avec une tâche appropriée aux facultés de chacun, il y aurait peu ou point de paresseux, et profit pour tout le monde.

* *

Ce qu'on appelle la paresse n'est que l'absence ou le dérangement dans la machine humaine du ressort qui pousse l'homme à l'action, au travail. — Le paresseux comme le libidineux relèvent de la pathologie et non de la morale.

* *

Il y a des races plus paresseuses ; ce sont en général celles qui ont le moins de besoins. —

Par le milieu on peut développer les besoins, et dans une certaine mesure combattre la paresse.

*
* *

Tout homme normalement constitué aime le travail, tout au moins un certain travail conforme à ses aptitudes. — C'est moins au travail qu'à l'excès de travail que les hommes sont rebelles.

*
* *

L'homme s'imagine qu'il ne travaille que pour l'argent, parce que toutes les satisfactions, même les plus légitimes, lui échappent sans l'argent, et qu'au contraire l'argent les donne toutes. — En réalité il n'y a que les travaux dégradants, les professions malhonnêtes qu'on n'exerce que pour l'argent. — Toutes les professions malhonnêtes disparaîtraient, tous les travaux seraient ennoblis, s'ils ne se recommandaient que de l'utilité sociale — sans l'argent.

*
* *

En attendant les pauvres détestent les riches qui les méprisent ; les faibles, les forts qui les oppriment ; les esprits vulgaires, les esprits supérieurs qui les dédaignent. Mais cette haine des petits pour les grands, souvent injuste, ne laisse pas d'être féconde, en ce qu'elle intéresse les privilégiés à faire meilleur marché de leurs privilèges.

*
* *

S'il n'y avait que des opprimés inoffensifs et résignés, qui donc s'occuperait d'eux ?

*
* *

Les prétentions des petits deviennent chaque jour plus inquiétantes pour les grands : on ne trouve plus même un gendarme, si respectueux qu'il soit de la hiérarchie, pour comprendre qu'en produisant un enfant intelligent, quand le fils de son colonel est un crétin, il humilie son chef et porte atteinte à la hiérarchie.

*
* *

Quand un homme a plié, courbé l'échine 20 ou 3o ans pour s'élever dans la hiérarchie, son triompne est de voir qu'on courbe — devant lui. Court triomphe, car la mort le guette, ou l'attend la retraite où il vivra inconsolable de n'être plus rien.

*
* *

Un monarque est un personnage quelconque devant lequel ont besoin de se courber les très grands pour que se courbent devant eux les moins grands, et devant ceux-ci les moyens, et devant ces derniers les petits. Il est la clef de voûte de la sacro-sainte hiérarchie ; et partout où ce rouage est brisé, les autres ne font plus que se traîner piteusement : il y a encore des prétentions, il n'y a plus de respect ; et c'est ma foi grand dommage, parce que dans notre démocratie les grands chefs, plus encore les petits, font bien tout ce qu'ils peuvent pour conserver la tradition. — Souvent moins superbes s'ils avaient moins des âmes de larbins ! — Pourtant il faut que les choses soient ainsi pour qu'à la hiérarchie qui dégrade jusqu'à ceux qu'elle élève se substitue la hiérarchie fraternelle qui mettra chacun à sa place sans humilier personne.

*
* *

Les hommes ne commenceront véritablement à s'aimer que lorsqu'il n'y aura plus de riches ni de pauvres, que les forts aideront les faibles, que les favorisés de l'intelligence se feront modestes avec les déshérités. — Ce sera le règne de la justice dans la bonté.

*
* *

Il semble que nous devions nous faire plus humbles à mesure que nous montons.

*
* *

Sans risques pour sa dignité on peut se faire petit quand on est grand.

*
* *

Bien peu se sentent assez grands pour élever jusqu'à eux les petits — sans crainte de déchoir.

*
* *

Tout fait social qui heurte une vérité d'ordre naturel ou moral est par cela même source de désordre et de mal.

* *

Les vérités naturelles et les vérités morales étant partout méconnues, étonnez-vous donc que le mal de partout nous inonde !

* *

La morale ne rendra les hommes vraiment justes et bons que quand ils ne verront plus aucun intérêt à la violer ; et pour beaucoup il faudra plus encore : l'impossibilité.

* *

Il est évident que l'homme naturellement malhonnête ou naturellement pervers le devient d'autant plus qu'il trouve plus d'intérêt, plus de facilité à exercer sa malhonnêteté, sa perversité. Notre intérêt à être malhonnêtes, tout au moins notre intérêt immédiat — et combien ne voient que celui-là — en maintes occasions est manifeste. Et quant à notre perversité, la société pour la satisfaire nous offre mille occasions propices. Cependant la malhonnêteté, la perversité engendrent des maux innombrables auxquels moins que les autres échappent ceux qui en profitent.

* *

C'est folie de croire plus heureux l'homme

intempérant ou libidineux, même satisfaisant
son penchant ou sa passion, que l'homme sobre
et continent. — Le second l'emporte en bonheur sur le premier de tout ce qu'a d'avantages
la durée sur l'intensité. L'homme intempérant
ou libidineux souffre de la sobriété ou de la
continence, mais toujours moins de son vice
contenu que satisfait, à cause des conséquences. Et l'homme continent et sobre n'y a
aucun mérite, l'intempérance et l'incontinence
étant pour lui sans attraits.

*
* *

L'homme dominé par ses vices, tout en
reconnaissant qu'ils ne le font pas heureux,
s'imagine que leur satisfaction est nécessaire
à son existence. Le fait est que, songeât-il à les
réprimer, sa volonté n'y suffirait pas, tant qu'il
aura les moyens de les satisfaire. Mais dans un
milieu différent ils auraient pu ne pas naître,
tout au moins, contrariés dans leur développement, être plus faciles à surmonter. Et pour
tout à fait l'en sauver, il n'eût fallu qu'un
milieu favorable.

*
* *

Du moment que la nature n'a pas fixé à
l'homme, comme elle l'a fait pour les autres
animaux, des limites normales à son boire, à
son manger, à ses facultés d'aimer, tous les
maux qui naissent de l'excès étaient néces-

saires pour qu'il apprît à se suffire de la
mesure.

*
* *

La devise *courte et bonne* ne saurait être
sage que pour l'homme assuré de pouvoir —
ses facultés de jouir épuisées ou venue l'heure
des infirmités précoces — de lui-même s'ôter
la vie sans regrets. Et encore est-elle folle, car
rien ne sert d'avoir joui — quand jouir on ne
peut plus.

*
* *

Si tel, dans la fierté de sa jeunesse, avait
pu prévoir les déchéances de sa vieillesse, à
3o ans, il eût tranché ses jours. Mais à mesure
que nos facultés s'affaiblissent, ou que nous
descendons la pente des déchéances, nous les
sentons moins; et si bas qu'on tombe on se
raccroche à l'existence.

*
* *

Quand l'homme sera assuré de pouvoir toujours vivre sa vie heureuse, il la voudra vivre
longue; et pour cette fin il prendra les moyens,
qui sont pour l'ordinaire la continence et la
sobriété.

*
* *

A la condition que l'on ne sorte de la tem-
pérance que pour y rentrer, il n'y a pas grand
dommage, et le plaisir n'est point à dédaigner.

*
* *

De tous les animaux l'homme a le plus de ressort, et le désordre d'une fatigue, d'un excès passagers promptement se répare.

*
* *

Qui se livre au travail qui lui plaît, et tant qu'il lui plaît, même jusqu'à l'extrême lassitude, l'épuisement, n'a pas plus travaillé qu'un amant heureux toute une nuit au bras de sa maîtresse. Mais au contraire de ce dernier, il n'a perdu ni son temps ni sa peine — ni son argent.

*
* *

Le poète caresse sa muse comme le libidineux sa maîtresse ; et quand le poète est libidineux, c'est trop pour lui de deux maîtresses.

*
* *

L'égalité devant le travail constitue une inégalité criante — comme si nous avions tous même adresse, même force, même courage, même endurance. Cette égalité, dont nous exemptons les bêtes, peut-on justement l'imposer à l'homme ?

*
* *

La société n'a pas le droit d'exiger de l'individu un effort au-dessus de ce qu'il peut normalement donner. En l'occurrence la bête rue ou mord, l'homme se révolte ou tue.

*
* *

Hors des cas tout à fait exceptionnels et qui ne devraient pas se produire, la collectivité n'a pas qualité pour demander à l'individu le sacrifice de lui-même.

*
* *

La grandeur de la Patrie est une bien belle chose ; mais dès qu'elle se fonde sur le mal des citoyens, elle n'est plus rien. Peut-être dit-on le contraire dans les livres, mais la raison, le cœur le démentent.

*
* *

La grandeur de la Patrie, c'est comme la grandeur de l'Eglise, — pour ceux qui l'exploitent il n'y a de sang inutilement versé que celui qui la diminue.

*
* *

La prospérité d'un Etat n'est appréciable que par la plus grande somme de bonheur qu'elle donne à chacun de ses membres. — Tout le reste, chamarrures, croix, galons, rien ne compte.

*
* *

Si respectable que soit le sentiment patriotique, quand il aboutit au pillage, au massacre, voire même à la simple guerre économique, j'ose dire que je lui préfère la communion universelle.

*
* *

La doctrine du sacrifice en soi et sans réciprocité est anti-sociale et anti-humaine. L'homme se doit à la vie qu'il a reçue sans la demander ; et son effort doit se porter sans cesse vers plus de bonheur pour lui et pour les autres.

*
* *

Atténuer le mal de chacun, c'est réduire d'autant le mal public, comme le bonheur public ne peut être que l'écho des bonheurs individuels.

*
* *

Comme le culte exclusif de soi engendre les maux individuels, l'amour exclusif de la famille engendre les maux sociaux, et l'amour exclusif de la patrie — les maux universels.

*
* *

Il s'agit de mettre d'accord le bien de l'individu et celui de la collectivité, qui en réalité ne font qu'un. Nous avons au moins les clefs du problème dans *l'égoïsme bien éclairé et la loi de solidarité.*

*
* *

L'homme isolé est impuissant contre les coups du sort : ainsi le veut la loi de solidarité. L'homme vivant pour l'homme peut défier la fortune.

*
* *

Comme il y a dans toutes les familles une période ascendante, il est aussi une période descendante, qui ne se peut absolument conjurer, mais singulièrement favorisée par les conditions de la vie sociale. C'est ainsi que chacun se trouve intéressé à faire aux dégénérés une bonne place dans la société. — Une telle solution se recommande à la fois du sentiment de la famille, d'un grand intérêt social, d'un haut devoir d'humanité !

*
* *

Exalter le talent ou le génie, quand on en a ou qu'on s'en croit, c'est s'exalter soi-même ; et quand on sait qu'on n'en a pas, on est quand même fier d'appartenir à la même race que ceux qui en ont, — d'être de la même patrie, de la même province, de la même ville, plus encore de la même bourgade ; et s'ils sont de notre famille, c'est presque comme si, le génie, c'était nous qui l'ayons. Tout au moins aurions-nous pu l'avoir comme eux ou à leur place, étant du même sang ; et nous entendons bien qu'une bonne part de leur gloire rejaillisse sur nous. — De deux frères, l'un très intelligent, l'autre tout le contraire, qu'ont-ils pour cela plus fait l'un que l'autre ? Et cette pitié que nous avons dans notre propre famille pour les êtres mal venus, et que nous voudrions faire partager à tous, pourquoi ne l'aurions-nous pas pour tous les ratés de la grande famille ?

Ce n'est qu'à ce prix que nous pouvons être assurés pour les nôtres de la bienveillance à laquelle ils ont droit.

*
* *

Le dégénéré est un être souvent inutile, rarement nuisible par nature. — Il ne le devient que si la société s'y prête.

*
* *

Le gâteux n'est pas malheureux parce que gâteux : il n'en a pas conscience, mais parce que la société l'y rend.

*
* *

Le moins heureux est l'intellectuel, parce qu'il sent plus vivement; mais son plus de souffrance est nécessaire pour que plus âprement il lutte contre la souffrance aussi des autres.

*
* *

Le génie, surtout dans les sciences, agit si impérieusement que le bonheur lui est plus utile que la souffrance pour s'épanouir pleinement, et poursuivre son œuvre d'affranchissement.

*
* *

Ne devons-nous pas tous à nos enfants de leur préparer telles conditions de vie, où leurs qualités trouvent un milieu favorable à leur plein développement pour le bien de tous et le leur, et où leurs imperfections soient combattues, annihilées le plus possible pour leur moindre mal et celui de tous? N'y sommes-nous pas intéressés?

*
* *

D'ailleurs, il faut que les choses soient ainsi pour que du désordre présent, tour à tour funeste à chacun, puisse sortir l'ordre définitif, utile à tous, dans le sentiment de l'éternelle loi de solidarité.

*
* *

Les dégénérés se feront de plus en plus rares à mesure que les ascendants, par eux-mêmes et par la société, se préserveront davantage de l'abus des plaisirs et de l'excès du travail.

*
* *

La dégénérescence peut être en partie conjurée par des unions bien assorties; et il n'est pas prouvé que les unions bien assorties ne se puissent faire d'elles-mêmes par le seul jeu de la libre nature. — Les dégénérés s'uniront entre eux et procréeront — peu ou point. Et peut-être, enfin, dans le monde déchristianisé, comprendra-t-on l'intérêt, le devoir de sacrifier à sa naissance tout fruit impur ou mal venu.

*
* *

Mais peut-être aussi les maux présents et passés me font-ils trop en noir voir les choses

de l'avenir : il semble qu'il pourrait y avoir
encore du bonheur pour les pires infirmités, si la société, au lieu de la pire marâtre
qu'elle est, leur était la bonne mère qu'elle
doit être. — Chaque être, quel que soit son
lot, aime la vie, et la bonté a ce privilège que
bienfaisante à celui qui l'exerce, elle fait plus
que cicatriser les blessures de qui en est l'objet : par le sentiment de la reconnaissance
qu'elle fait naître, elle ouvre les cœurs à la
joie, au bonheur. — Ce n'est pas de leurs
infirmités physiques ou mentales qu'auront à
souffrir dans la juste Cité les hommes, mais
de ce qui subsistera en leur organisme de la
méchanceté ancestrale.

*
* *

Que si, en vous créant, une nature ingrate
vous a fait une âme si vile, un si répugnant
visage que vous inspiriez partout la répulsion
et le mépris, distillant la haine, semant la
calomnie, — quand les hommes seront devenus vraiment justes et bons, tant de disgrâces
imméritées vous vaudront leur pitié, et votre
âme se fera meilleure, et votre laideur se dis-
sipera au souffle de la bonté.

*
* *

La nature, en créant entre les hommes mille
inégalités nécessaires au bon fonctionnement
de la vie commune, n'a rien fait pour ou

12.

contre l'égalité sociale. —Toutes les inégalités sociales sont l'œuvre des hommes. La nature y est pour si peu de chose qu'il suffirait d'une simple substitution d'enfant, pour que le fils d'un rustre, princièrement élevé, vît s'incliner devant lui, fût-il le dernier des ânes, les fronts les plus glorieux. Ces inégalités trouvent, dans le passé, leur raison et leur cause dans l'instinct de domination qui caractérise l'homme barbare, et comme aussi dans les nécessités vitales. Mais à mesure que la science émancipatrice libère l'homme des antiques servitudes, ces nécessités cessent pour faire place à des nécessités nouvelles, — et la question qui se pose aujourd'hui, c'est de savoir si l'homme civilisé a plus d'intérêt à maintenir le vieil état de choses avec ses luttes, ses haines, ses désordres, ses misères, qu'à préparer l'avènement d'une ère de paix, d'amour, de concorde, de bien-être pour tous, qui ne peut recevoir son plein épanouissement que d'une égalité parfaite. — Poser la question, n'est-ce pas la résoudre? Et si c'est bien là l'intérêt de l'homme, il ne lui manque pour réaliser l'égalité que de prendre conscience de cet intérêt.

Il y a actuellement deux morales en présence : l'une de la souffrance, l'autre de la joie. La première a eu sa raison d'être, sa nécessité même, tant que la barbarie primitive a pesé sur le monde : l'homme semblant né pour la souffrance, il fallait qu'il se fortifiât contre elle. — L'homme acquérant de plus en plus le sentiment de sa puissance et de sa force contre le mal, amènera le rayonnement de l'autre.

*
* *

A la vue des maux dont les uns les autres nous nous accablons par méchanceté ou par haine, comment ne pas déplorer cette fureur de nous nuire, quand la vie pourrait être si belle par la bienveillance et l'amour.

*
* *

Nous avons si bien su organiser toutes choses que nous voyons les uns se tuer de travail, les autres, de plaisir, et régner la misère au sein de l'abondance.

*
* *

La clef du bonheur est dans la santé du corps, qui s'entretient par le plaisir et le travail modérés : il n'est point de douleur qui résiste à un bon estomac.

*
* *

L'homme est capable de surmonter tous les maux qui lui viennent des êtres et des choses, s'il a satisfait aux besoins de son ventre. C'est donc avec raison qu'Epicure a placé dans le ventre non pas le souverain bien, mais le premier des biens, le *sine qua non* de tous les autres.

*
* *

Je me représente le souverain bien dans un parfait équilibre des facultés physiques, intellectuelles et morales, dans une sorte de calme olympien, indifférent aux douleurs communes, si ce n'est pour les soulager chez les autres, comme aux plaisirs vulgaires dans le plein épanouissement du *Moi*. — Ce souverain bien, l'organisation sociale s'y prêtant, il n'est pas au-dessus des forces de l'homme d'y atteindre.

*
* *

La douleur ne produit aucun fruit, ne répond à aucune nécessité. — Funeste à celui qui l'éprouve, elle le rend incapable de bien pour les autres.

*
* *

L'homme qui s'absorbe dans sa propre douleur — ne lui parlez pas des maux des autres, il n'en veut rien savoir.

*
* *

On croit parler, écrire sous l'action de la douleur, quand c'est la colère qui gronde, l'indignation qui déborde, ou l'émotion qui pénètre, ou la pitié qui intéresse.

*
* *

Le désespoir qui est le paroxysme de la douleur en est aussi le baume.

*
* *

Au physique comme au moral, il y a un point de la douleur qui ne se peut dépasser.

*
* *

L'excès de douleur physique comme de douleur morale provoque l'anéantissement.

*
* *

L'exaltation au sacrifice engendre l'insensibilité.

*
* *

Le plaisir aigu devient douleur.

*
* *

La joie tue plus que la douleur.

*
* *

Chaque individu comporte une somme de plaisirs ou d'efforts qu'il ne peut franchir sans faire œuvre de mort.

*
* *

Je me défie de la douleur de ceux qui trop bien la peignent.

*
* *

On ne peint bien que la douleur des autres — ou sa douleur passée.

*
* *

La douleur qui se raisonne est à moitié vaincue.

*
* *

La douleur morale fuit sous le fouet de la psychologie.

*
* *

La douleur physique est en voie d'être
annihilée par la science.

*
* *

. Souffrir pour une noble cause, ne le fût-
elle qu'en imagination, ce n'est point être
malheureux.

*
* *

Qui triomphe par le crime n'a pas le temps
d'être heureux.

*
* *

Contre les affections déçues ou trompées, il
n'y a qu'un remède : la résignation ; et la
résignation se fera d'autant mieux quand on
saura que nul ne peut être rendu responsable
de ses sentiments du jour — non plus que de
leur instabilité.

*
* *

Plus est douloureux le sacrifice, plus il
élève et sont réconfortantes les joies qu'il
apporte.

*
* *

L'homme vraiment fort est moins le stoïque
aux yeux secs que celui qui, se retrempant
dans ses larmes, y puise des forces nouvelles
et un plus grand courage.

*
* *

C'est de l'abus que nous faisons de notre
esprit ou de notre corps que nous vient la

presque totalité de nos maux physiques. Quant aux maux accidentels, ceux qui échappent à une bonne hygiène, la nature et l'art sont déjà suffisamment armés pour les combattre. — Il ne manqueplus à l'homme, pour rendre le bonheur possible, que de se sauver de l'homme.

* *

Dès que la vie d'un homme est en danger, le vieil instinct de conservation renaît en lui : il devient féroce. — Pour inhumaine qu'est la guerre, elle est pourtant bien humaine en ses atrocités.

* *

Que peut faire la vie d'un autre homme à qui expose la sienne? Et quand pour échapper à la mort, on en a tué un, on en tuera aussi bien dix, cent, mille — et quand on a bien tué, le viol est une peccadille, et le pillage un jeu d'enfant.

* *

La guerre, par les dangers qu'elle comporte, les souffrances qui l'accompagnent, les privations qu'elle nécessite, surexcite le désir de la vie intense. Sait-on de quoi demain sera fait? Devant cet inconnu toute jouissance est de bonne prise qui s'offre aujourd'hui. — Pour rendre humain l'homme, il faut lui faire la vie bonne et assurer son lendemain.

* *

Il se rencontre des gens, et des plus haut cotés, pour qui l'amour de vivre est tel qu'ils sont sans cesse hantés du spectre de la mort. Ce spectre empoisonne leur existence, et ils se font volontiers pessimistes. Ils iraient au bout du monde pour se soustraire à un danger de mort, ce qui ne les empêche pas de dire et d'écrire que la vie ne vaut pas d'être vécue. Et ils ont pleinement raison à leur point de vue. — On échappe à l'obsession de la mort en vivant comme si l'on devait toujours vivre ; ainsi l'on travaille pour le présent et l'on bâtit pour l'avenir. — Qui vit sans la peur de la mort a toujours le temps de mourir.

*
* *

Chaque étape dans la vie, par les maux comme par les biens, nous rattache à l'existence. Aussi sommes-nous portés à plus admirer, devant un danger de mort, le courage des personnes âgées que celui des tout jeunes hommes, qui ayant moins acquis ont moins à perdre. — Cependant me revient à l'esprit le mot de Socrate : « Pensent-ils que je me croie immortel ! » — qui me donne à penser que ce sont surtout les vieillards qu'une belle mort devrait tenter.

*
* *

Dans l'infini du temps la vie de l'homme, si longue soit-elle, c'est pour la durée comme une étoile qui file au firmament des cieux.

*
* *

Avec la rapidité de l'éclair nos plaisirs passent. Seule la souffrance nous apparaît réelle, parce qu'imméritée. C'est l'ennemi qui partout nous guette, nous assiège, se mêle à nos joies, trouble nos fêtes, empoisonne nos succès — ennemi pourtant nécessaire à l'évolution, en tant que facteur de notre perfectionnement individuel et collectif. — S'en délivrer, c'est pour l'homme participer sa vie durant de la nature divine qui, si elle est, ne peut souffrir ; c'est ne donner aux besoins matériels que les satisfactions nécessaires à la santé ; c'est le cœur fermé à la douleur impuissante et vaine, pleinement ouvert aux réconfortantes et saines émotions ; c'est par la science le corps affranchi des vieilles servitudes, l'esprit libéré des antiques superstitions ; c'est le culte à la Raison, à la Beauté : c'est l'évolution dernière.

*
* *

On ne voit plus guère que les athées qui pratiquent les vertus évangéliques. — C'est peut-être à leur insu un hommage au Dieu qui peut être.

*
* *

Les vertus évangéliques sont ce que l'homme a jusqu'ici conçu de plus élevé en morale. De leur auteur il a fait un Dieu : ce qui, n'étant pas Dieu, le dispense de les pratiquer.

*
* *

Le Dieu de l'Evangile s'étant trouvé trop grand pour de si petits hommes, on s'est appliqué de mille façons à le mettre à toutes les tailles — selon les temps, les lieux, les circonstances.

*
* *

L'athée est son dieu et le fait à sa mesure.

*
* *

Si l'on eût fait les dieux moins cruels, il y aurait peu ou point d'athées. Mais comment les hommes auraient-ils fait les dieux autrement qu'à leur image ! — Ce qui prouve bien que ce ne sont pas les dieux qui nous ont inspirés en les créant.

*
* *

Au point de vue du dogme chrétien, les sanctions éternelles, pour le bien comme pour le mal, sont telles que pour qui y croit les joies et les peines terrestres sont comme si elles n'étaient pas. Ou si l'on en tient compte, ce ne peut être que pour anathématiser le plaisir et sanctifier la souffrance. Aussi, quand il s'agit de christianiser, les persécutions, les tortures, les massacres sont à l'avance justifiés aux yeux de qui les ordonne ou les fait. Devant la grandeur du but, qu'importe l'énormité des moyens ! — Et sont en vérité de bien peu de foi les chrétiens qui pensent pouvoir autrement juger des choses.

*
* *

Ne croyez pas que ceux-là ne sont pas sincères qui vous disent qu'on ne saurait être
honnête homme sans la foi. C'est même un
de leurs rares accès de sincérité. Ils nous donnent ainsi la mesure de ce qu'ils vaudraient
eux-mêmes sans la foi, sans préjudice du peu
qu'ils valent — souvent avec la foi : il n'est
point de férocité qui ne germe dans l'âme
d'un dévot.

*
* *

Il est certain que l'homme que retient seule
de mal faire la crainte de Dieu — chacun se
jugeant valoir le plus possible, — croira difficilement à l'honnêteté de ceux qui n'ont pas
cette crainte. Ce serait les placer trop au-
dessus de lui, et son amour-propre aurait
trop à en souffrir.

*
* *

Le dévot sans cesse obsédé pour son compte
de la peur de l'enfer, de quelle pitié voulez-
vous qu'il soit pour les autres !

*
* *

Dieu punissant des flammes éternelles les
pécheurs ou les simples infidèles, suffit à
justifier toutes les cruautés des croyants. —
Parmi les croyants les moins croyants sont les
moins féroces.

*
* *

Les âmes faibles qui ont vécu sans la foi

y tombent — au premier malheur qui les frappe.

*
* *

Un fort ébranlement cérébral, causé par une grande douleur, peut ramener à la foi ceux qui l'ont perdue.

*
* *

Il est inconcevable que des hommes animés d'une foi ardente en appellent au miracle pour conserver la vie terrestre — si courte, si douloureuse — qui les éloigne de l'autre, l'immortelle, la bienheureuse.

*
* *

Nous ne nous sentirons vraiment forts pour arracher aux âmes simples les consolations de la foi que quand nous aurons extirpé le mal sur la terre. — Pourtant l'obstacle, c'est la foi : il la faut à tout prix écarter.

*
* *

Toute foi, toute croyance qui est cause de désordre et exclusive d'harmonie, est condamnable *a priori*.

*
* *

Toutes les religions sont intéressées à entretenir le mal sur la terre, sous peine de voir les fuir rapidement leur clientèle ; mais leurs ministres et leurs adeptes ne sont pas plus épargnés du mal que les autres.

*
* *

Ses fidèles! le mal qui les frappe, c'est Dieu
qui les éprouve. — Les impies! c'est Dieu qui
les châtie. Et cela suffit à tout, explique tout.

*
* *

Les couvents d'hommes et de femmes ne
laissent pas de répondre à un besoin de l'ordre
établi — qui en dehors d'eux ne fait rien pour
ses ratés, ses fainéants ou ses mystiques.

*
* *

Le clergé régulier et séculier enlève à la
concurrence vitale bonne part de ses déchets :
il fait des heureux, l'ordre social en est
affermi.

*
* *

Que voulez-vous que devienne parmi nous
la jeune fille de bonne famille pauvre? — Les.
portes du mariage lui sont fermées, tandis que
s'ouvrent toutes grandes les portes du cloître ;
et c'est la condamnation de l'ordre établi.

*
* *

Les nonnes et les moines rendus à la cir-
culation et le recrutement des prêtres entravé,
l'ordre social en sera ébranlé.

*
* *

. Les peuples n'ont pas que le gouvernement
qu'ils méritent : ils ont aussi la morale. —
Nulle morale ne s'est jusqu'ici constituée sur
des bases assez solides pour être acceptée de

l'élite, ne s'est présentée sous une forme assez
simpliste pour être accessible à la multitude ;
et c'est de cette absence de morale laïque que
vit et s'entretient le mensonge théologique,
dont on ne peut pas affirmer qu'en l'état des
choses il soit plus nuisible qu'utile. — Nuisible au progrès, il est utile à la conservation.

*
* *

Tous les défenseurs de religions ne sont pas
des imposteurs ou des imbéciles, et pour qu'ils
les défendent avec l'ardeur qu'ils y mettent,
il faut bien qu'elles se recommandent à leurs
yeux d'un intérêt réel ; et pour qu'ils voient
cet intérêt, il faut qu'effectivement il existe.

*
* *

Oh ! mais ce que je ne me lasse pas d'admirer, c'est le tour de force par lequel les gens
d'Église, qui se considèrent comme une éma-
nation de la divinité, en laquelle ils retourne-
ront pour l'éternité, — sont parvenus à per-
suader à quantité de gens, dont certains ne
sont pas bêtes, que les humbles, les modestes,
c'est eux, et que les orgueilleux, les superbes,
c'est nous, qui ne prétendons ni à si glorieuse
origine, ni à si haute destinée.

*
* *

Dieu ! c'est l'inconnu, c'est l'insondable,
l'éternel mystère. La superstition l'a créé, le

sentiment le fait vivre; la Science et la Raison marchent sans lui. Et je n'imagine pas de discussion plus oiseuse que de prétendre établir qu'il est ou qu'il n'est pas. — Et s'il est, admirons que dans sa sagesse infinie il nous ait donné tout ce qu'il nous faut pour nous passer de lui.

*
* *

On a donné de l'existence de Dieu mille preuves qui ont toutes été réfutées, sans que ceux qui les ont données aient pu être plus assurés de son existence que de sa non existence ceux qui les ont réfutées.

*
* *

A mesure que les civilisations ont grandi, l'idée de Dieu, primitivement grossière, s'est peu à peu épurée, et si bien épurée qu'elle fuit comme un rêve.

*
* *

La croyance en Dieu est une affaire d'intuition. C'est ce « 6e sens » dont parle Lamartine — « qui voit Dieu ». — On l'a ou on ne l'a pas.

*
* *

Rien n'établit mieux l'impuissance où nous sommes de prouver Dieu que cette accumulation de preuves morales, métaphysiques, mathématiques, physiques et même chimiques qu'a engendrées l'esprit humain, en quête de

l'impossible pour démontrer l'indémontrable.
— On ne se donne point tant de mal à prouver
qu'une chose est, quand elle est, surtout lorsque tout le monde en somme ne demande
qu'à se laisser convaincre. Conséquence : Voulez-vous croire en Dieu ? Ne le raisonnez pas.

Les devoirs envers Dieu sont tout ce que les
hommes ont conçu... de moins raisonnable.
— Je ne vois pas bien Dieu, du haut de son
trône, attendant que nous daignions lui offrir
nos hommages.

Bien sûr que Dieu aurait des devoirs à remplir envers nous, s'il nous avait faits, à commencer peut-être bien par celui de nous
refaire. Mais nous !... pour nous avoir si mal
faits ? Allons donc ! — Laissons cette gloire et
cette vanité à ceux qui se trouvent bien faits.

Parmi ceux qui se trouvent bien faits, combien y en a-t-il de leurs pareils qui les voient
tels ?

J'enrage de voir des hommes d'orgueil si
haut monté, ou de bêtise si bas tombée, qu'ils
s'imaginent que Dieu s'occupe d'eux. Et quant
à la foule de ceux qui croient que c'est Dieu

qui les a faits — à son image... oh! le vilain bon Dieu !

* *

O poète, quel que soit ton génie, Lui si grand, toi si petit, je me sens pris d'une infinie pitié, quand je t'entends faire parler Dieu !

* *

J'excuse pourtant cette manie des poètes de sans cesse louer Dieu. Ils le voient, il leur parle, ils l'entendent. A force de s'élever vers lui, ils s'imaginent qu'il descend en eux. De là le secret de leur immense vanité. — De l'œuvre de Lamartine et de Victor Hugo, ôtez Dieu, pour beaucoup le meilleur est parti. — Et puis quelle ressource pour leur ignorance! Comme des prédicateurs, il fait toute leur science. Il explique tout, suffit à tout, contient tout : Dieu l'a voulu. — La Providence a permis. — Son bon ange l'a sauvé. — Ces mots ont de plus la majesté, la sonorité, l'harmonie. — Si ce ne sont pas les poètes qui ont créé les dieux, ils les ont perfectionnés; beaucoup ont su les rendre aimables; et pour les émotions qu'ils ont fait naître, les blessures qu'ils ont cicatrisées, ils ont bien mérité de l'humanité douloureuse.

* *

L'œuvre admirable de Tolstoï après elle traîne comme une scorie — le piétisme —

pourtant nécessaire afin que puisse pénétrer l'âme de la Révolution au fond des cœurs mystiques.

*
* *

L'œuvre de Tolstoï, c'est le dernier cri du passé, la vibrante plainte des dieux qui s'en vont, comme humiliés de se sentir inutiles. — Et que Tolstoï n'ait pas vu cette inutilité, toute son œuvre en est faussée — grandiose néanmoins et plus féconde dans le présent que s'il eût vu. — Avec notre athéisme nous effrayons des âmes qui vont à Tolstoï, et avec elles — humainement — nous communions en lui.

*
* *

C'est étonnant comme avec Dieu tout passe sans presque offusquer personne. — Dites les mêmes choses sans Dieu, les mêmes se voileront la face.

*
* *

De Dieu nous n'avons rien à espérer, rien à craindre... comme s'il pouvait empêcher la terre de tourner, le soleil de nous éclairer, les nuages de se fondre en pluies bienfaisantes. — Lui-même soumis aux lois de la nature, les eût-il faites, il ne peut ni suspendre les orages, ni commander aux flots, ni retenir la grêle, ni conjurer les fièvres mortelles. Le chaud et le froid échappent à sa puissance. Et ce que Dieu ne peut pas, l'homme en partie déjà le peut — ou le pourra.

*
* *

Dieu est l'esclave du monde et de ses lois, comme l'individu de sa nature et du milieu. — Dieu ne peut rien changer dans sa nature qui est parfaite, ni dans l'ordre du monde dont les lois sont immuables. — L'homme, sa nature sans cesse évolue vers le mieux : le transformisme est sa loi. — Mais l'humanité passera, le soleil s'éteindra ; des mondes nouveaux se constituent sans cesse, se constitueront à l'infini dans l'infini de l'espace et du temps. — La Matière et la Vie sont éternelles et Dieu n'y peut rien ajouter, rien ôter, rien changer.

*
* *

La matière est soumise à des lois comme elle éternelles. Ces lois nous expliquent la merveilleuse harmonie des mondes.—Comme dans le monde moral, le désordre naît incessamment de l'ignorance des lois qui le régissent — ces lois enfin connues — l'humanité évoluera bien vite vers l'harmonie des êtres.

*
* *

On a voulu tirer du mal physique et du mal moral une preuve contre l'existence de Dieu, et l'on a été, pensons-nous, mal inspiré — Ils témoigneraient plutôt d'un dessein prémédité

d'harmonie universelle, dans l'hypothèse —
qui semble aujourd'hui fondée — où il serait
dans les destinées de l'humanité de s'en
affranchir. Or il les fallait à l'origine — et
intenses — pour amener progressivement
l'homme, à mesure des progrès de son esprit
et des conquêtes de la science, à faire l'union
nécessaire.

*
* *

Comme il y a des lois qui régissent le monde
physique, lois en vertu desquelles du chaos
primitif se sont peu à peu constituées toutes
les harmonies de la nature, il semble acquis
que le monde moral est soumis à des lois dont
il ne nous manque que de prendre conscience
pour établir parmi les êtres l'ordre qui règne
dans les choses. — L'ordre dans les choses,
parce qu'elles n'ont ni intelligence ni volonté,
devait se constituer de lui-même. L'ordre
parmi les êtres, la nature en dotant l'homme
de la faculté de voir, de sentir, de juger, lui a
donné les moyens de le réaliser, et il ne se
peut qu'il ne se réalise, et c'est ce qui fait de
la vie sur la planète la raison d'être. — Mais,
m'objectera-t-on, le mal physique est en plein
dans la nature : la sécheresse, la grêle, la
gelée, le chaud, le froid, la tempête, la maladie. — Ici il y a deux remarques à faire : la
première, c'est que l'homme, en l'état de
civilisation où il est arrivé, est déjà en mesure

de combattre efficacement tous les maux qui lui viennent des choses, et d'en conjurer absolument le plus grand nombre : il lui suffirait de vouloir, et il ne lui manque pour vouloir que de comprendre ; et dans la voie des découvertes, des progrès de la science, par ce qui s'est fait depuis un siècle, qui peut prévoir où l'humanité s'arrêtera ? — La seconde, c'est qu'étant donné l'homme primitif, s'il eût trouvé autour de lui une nature douce et clémente, s'il n'eût pas eu à soutenir une lutte sans trève contre les éléments conjurés, si incessamment il n'eût eu sa vie à défendre contre les animaux malfaisants et sa propre espèce, il eût continué à vivre à l'état de bête isolée et errante, chacun aux lieux où le hasard l'eût fait naître. Rien de ce qui fait aujourd'hui la grandeur de l'homme n'eût pu être accompli : c'est qu'alors il fût né avec des facultés autres et pour une tout autre destinée. — Quant aux maux qui nous viennent les uns des autres, il ne nous manque pour nous en affranchir que de nous aimer.

*
* *

Cette parole chrétienne : «Aimez votre prochain en Dieu, en Jésus-Christ » part d'une profonde connaissance de la nature humaine. — On ne peut aimer tout son prochain en soi : le cœur n'y suffirait pas ; mais on peut l'aimer tout en une entité : Dieu, en tant que fils du même père ; — l'Espèce, en tant qu'homme ; — la Patrie, en tant que mère commune. — Si le culte de la patrie ne se fond pas dans l'amour de ceux qui la constituent, du coup il perd son auréole : la patrie n'est plus que le manteau troué des trafics et des intérêts.

*
* *

L'amour de la patrie ne peut se constituer fort et sincère que par l'union des intérêts — qui fait l'union des cœurs.

*
* *

Cette belle parole de Jésus : « Aimez-vous les uns les autres » aurait certainement plus d'action sur les hommes si, en outre d'un sentiment, d'un devoir, elle se recommandait d'un constant intérêt. Et de fait, tant que la foi a donné à cet intérêt une forte apparence de réalité par l'espoir du paradis, les premiers chrétiens n'ont pas laissé de s'aimer le plus possible, et vu le malheur des temps, d'être heureux ensemble le plus possible. Mais la foi s'éteignant, bien qu'on n'ait pas cessé de prêcher l'amour du prochain, il n'a plus guère été qu'une vertu prisée chez les autres ; et seules quelques natures particulièrement généreuses n'ont pas cherché à s'en affranchir — par amour pour elles-mêmes.

*
* *

Le christianisme naissant eût-il fourni tant
de martyrs, le grand mouvement de Quatre-
vingt-neuf tant de héros obscurs, si sous le
masque du sacrifice ne se fût caché un puissant intérêt?

*
* *

Intérêt et Devoir! — tant que ces deux ter-
mes ne seront pas confondus dans les faits,
tant que pour satisfaire l'un il faudra sacrifier
l'autre, il règnera une dualité néfaste : pendant que seules les âmes magnanimes iront au
devoir et seront sacrifiées, la foule restera
fixée à l'intérêt que ne la sauvera pas. Et pour
que cette dualité cesse, il faut quoi? — *Organiser la société selon la morale.* Il ne faut pas
qu'un homme puisse faillir à son devoir sans
manquer à son intérêt; et il ne suffira pas que
la chose soit ainsi, il faudra que tout le monde
la voie, et il faudra plus encore : que le devoir
ne s'impose pas seulement à la conscience, à
la raison, à l'égoïsme, mais que l'idée du mal
à faire soit étouffée aussitôt née, par la vision
de l'obstacle infranchissable. — Mais, à ce
compte, m'objectera-t-on, il n'y aura plus
aucun mérite? — Car il est bien vrai qu'il se
rencontre des hommes, d'un égoïsme souvent
généreux mais aveugle, pour qui doit rester
sacrée la liberté du mal, dans la seule crainte
de perdre pour eux-mêmes les bénéfices d'un
mérite — d'ailleurs purement imaginaire.

*
* *

La tendance où est l'homme à se faire un
mérite de tout — dans le choix d'un état,
d'une compagne, d'une attitude politique —
le porte à se donner toujours le mérite de son
choix. Si tous ses choix lui réussissent, il se
croit, du coup, tous les mérites. Que si les uns
ou les autres tournent contre lui, il ne laisse
pas de se faire un mérite de ses mauvais, en
ce qu'il aurait pu, pense-t-il, en faire de bons,
je veux dire de plus profitables.

*
* *

Notre amour-propre se sent flatté à l'idée
que nous avons du mérite à bien agir; et si
nous avons du mérite, nous avons droit à une
récompense... C'est bien là que se manifeste
dans son énormité cette hypertrophie du *moi* :
il nous la faut éternelle. Et quant aux méchants qui nous ont pu troubler dans nos
jouissances terrestres, ce n'est pas non plus
trop pour eux d'un châtiment éternel. — Les
religions, les morales déistes ne spéculent pas
sur autre chose que sur notre immense vanité
— et notre méchanceté.

*
* *

Il y a des gens qui ont la monomanie du
mérite : ils se feraient naître des tentations
pour se donner le mérite de les vaincre.

*
* *

Il est fâcheux d'avoir à constater que les

honnêtes gens éprouvent à stigmatiser les
méchants la même satisfaction que ceux-ci —
à vilipender les gens de bien. — Fol orgueil
chez les uns ; basse envie chez les autres.

*
* *

Les êtres inférieurs seraient plutôt portés à
s'incliner devant les êtres supérieurs : ils ne
les haïssent ou les détestent que parce qu'ils
s'en voient exploités ou méprisés.

*
* *

L'intérêt qu'ont à s'aimer les hommes, s'il
n'existe pas, ils ne s'aimeront jamais. Mais il
existe, chacun le sent ; et pour qu'il porte tous
ses fruits, il ne lui faut qu'un milieu favorable. — Ce milieu — avec ou sans Dieu — il
appartient à l'homme de le créer.

*
* *

Quant au penseur qui veut marcher droit
son chemin, la réalité lui offre des champs
assez vastes pour qu'il n'aille point briser son
essor contre un obstacle insurmontable. —
Homme, il vivra pour l'homme, employant
toute son activité à l'éclairer, tous ses efforts
à le servir par pur amour de la Justice et de la
Vérité. — Il restera toujours assez d'ambitieux, il en faut, pour composer avec lui.

VII

En dehors de ses aptitudes naturelles, le facteur qui pèse le plus sur la destinée d'un homme, c'est le hasard. C'est à lui que nous devons la plupart de nos succès et de nos revers.

$$\ast\ast\ast$$

Comme le hasard déjoue nos plans les mieux combinés, il nous fait souvent réussir en dépit de nos maladresses et de nos fautes. — Nous ne savons jamais ce que de nous il fera demain.

$$\ast\ast\ast$$

Tout est surprise dans la vie. Les choses n'arrivent jamais comme on les espère ; et rarement ce sont les maux prévus qui nous atteignent. Il nous faut à chaque pas modifier notre orientation.

$$\ast\ast\ast$$

En voulant se garer de maux imaginaires il arrive qu'on s'en crée de réels.

$$\ast\ast\ast$$

La fortune en traîtresse nous frappe presque toujours par derrière. Quand même elle nous sourit, nous ne savons jamais si le vent souffle ou pour ou contre nous.

*
* *

Si l'on va au fond des choses, que de choses dont on se plaint — nous servent !

*
* *

Quand nous prenons un parti, nous ne pouvons sûrement savoir si c'est le bon ou le mauvais, car nous ignorons où il nous conduira.

*
* *

Le hasard est fait de mille choses dont les plus futiles comportent les plus grands effets.

*
* *

Une idée qui s'éveille à votre adresse dans l'esprit d'un homme dont vous ignorez l'existence, peut, à l'occasion, décider de votre vie, de celle de votre postérité, et suffire à changer un jour la face du monde.

*
* *

Il existe entre tous les hommes une interpendance absolue. Et comme dans la vaste mer un flot est toujours battu des autres flots, notre tranquillité, notre sécurité, notre bonheur, notre vie sont sans cesse à la merci de nos semblables.

*
* *

Il y a dans la vie de l'homme, comme dans la mer, de ces courants favorables qui vous portent, vous conduisent au succès, au bonheur, jusqu'à ce que venant à vous heurter à des courants contraires, vous voyiez alors les revers, les tourments, en dépit de vos efforts, s'accumuler sous vos pas.

*
* *

Tant que la barque que nous portons tous en nous, n'a pas définitivement sombré, il y a toujours place pour l'espérance.

*
* *

La tempête n'a qu'un temps, et tous les vaisseaux qui font naufrage ne sont pas irrémédiablement perdus.

*
* *

C'est souvent quand nous croyons tout perdu que le hasard, travaillant pour nous, vient nous tirer de l'abîme où nous nous croyions irrévocablement plongés.

*
* *

Le hasard souvent mieux conduit notre destin que notre volonté.

*
* *

Je crois que tout l'art de la vie est de se bien conduire, et de savoir profiter des occasions favorables que tôt ou tard, le plus souvent à point, le hasard fait naître, ou qui naissent de la force des choses.

Pour jouir des faveurs du hasard, peut-être suffit-il de les avoir méritées.

Le hasard, c'est souvent nous qui l'avons semé, ou préparé le terrain où il doit germer.

Le bien ou le mal que nous avons fait, c'est comme une semence qui germe et qui pousse, donne des fruits sains ou empoisonnés ; et nous ne nous plaignons si souvent des autres que pour n'avoir pas été assez sévères pour nous-mêmes.

Pour qui ne doit son élévation qu'à la chance, ça ne dure pas.

Je crois que dans le succès on fait la part trop large à la chance.

On a des qualités de chance comme de talent ou d'esprit. — Tous ceux qui réalisent la continuité dans le succès, c'est qu'ils ont les qualités qui fixent la fortune.

Il y a des gens dont le succès couronne toutes les entreprises : la chance ou le hasard y ont la moindre part. Il en est d'autres à qui rien ne réussit : c'est moins par malechance que par impéritie.

*
* *

La chance ou la malechance, elle nous vient plus de nous-mêmes que des choses. — Le succès que nous devons à notre habileté, à notre prudence, seul est durable ; celui qui nous échoit de la fortune ou de l'audace est toujours fragile.

*
* *

Il y a au fond de toute malechance ou un vice du tempérament, ou un défaut de caractère, ou une erreur de conduite. — Mais que notre malechance nous vienne de nous-mêmes, ou des hommes, ou des choses, pour nous c'est tout un.

*
* *

L'homme de corps et d'esprit sains, habile à saisir les occasions favorables, et que nulle passion ne domine en sa course, a bien des chances de conduire sa barque heureusement au port, sans que la chance y soit pour rien.

*
* *

La chance au jeu — la veine — n'est que de la force morale. Le joueur malheureux est celui qui escompte la chance, le joueur heu-

reux — qui, pour attirer la veine, ne compte
que sur lui.

*
* *

Le joueur qui a du flair sent s'il va perdre
ou gagner. — Mais bien peu sont assez forts
pour ne se mettre au jeu que bien en forme.
On compte quand même sur la chance, et l'on
court à la défaite.

*
* *

Le joueur qui n'a pas la force de quitter le
jeu quand la veine le fuit, comment aurait-il
celle de rattraper la veine ?

*
* *

On a beau ne pas se sentir en veine, une
force mystérieuse vous pousse à lutter contre
la déveine, et à moins d'une réaction qui
s'opère en nous et ramène la chance, on lutte
vainement. — Ce qu'on appelle un retour
de veine n'est que l'effet de cette réaction.
Seuls les joueurs de tempérament sont capables de ramener la veine qui les fuit.

*
* *

Celui qui cherche dans le jeu un délasse-
ment, éprouve d'autant plus le besoin de jouer
qu'il est plus lassé. — Dans cet état d'esprit
toujours l'on perd.

*
* *

Pour bien jouer et pour gagner il faut se mettre en forme — comme pour bien penser.

*
* *

On voit des joueurs très calmes en apparence. Ce calme n'est point chez eux un produit de la force, mais de l'abattement. Aussi longtemps qu'il dure, ils vont à la déroute. — Le joueur abattu qui parvient à se ressaisir — gagne. Mais il ne suffit pas de la volonté de se ressaisir, il faut être capable de la réaction nécessaire.

*
* *

On peut être né joueur heureux, c'est-à-dire porter habituellement en soi les qualités qui font la veine.

*
* *

La faculté de joueur heureux est un don tout comme un autre qui a son apogée et son déclin. Comme dans la peinture ou la musique on s'y perfectionne — et comme on peut avoir la passion des vers et n'être qu'un méchant poète, on peut avoir celle du jeu et ne faire qu'un mauvais joueur.

*
* *

A mesure que l'énergie vitale les abandonne, les joueurs heureux finissent par ne plus l'être.

*
* *

Perdre au jeu est une chance, quand cela nous sauve de jouer.

*
* *

C'est peu que d'avoir la volonté de gagner : tout le monde l'a. Il faut la force de volonté. On l'a plus ou moins ou on ne l'a pas. — On l'a suffisante ou insuffisante, et on ne l'a pas suffisante à volonté. Il y faut le tempérament et certaines dispositions d'esprit qui manquent parfois aux plus prédestinés même à les avoir.

*
* *

Tel a la veine à un louis qui la perd à cinq, parce qu'à ce taux la peur le gagne et diminue sa force. — Il faut mesurer son jeu à sa force.

*
* *

De deux joueurs la volonté la plus forte — gagne.

*
* *

Je crois qu'on peut aller jusqu'à suggestionner à son adversaire de jouer selon son jeu.

*
* *

Comme il y a un pouvoir magnétique qui s'exerce d'individu à individu, il existe une puissance d'action de l'homme sur les choses, par laquelle il serait assez d'une volonté suffi-

samment forte pour faire à la roulette arrêter
la bille sur un numéro à l'avance fixé. — Si
toutes les volontés des joueurs convergeaient
fortement sur le même numéro, la bille s'y
arrêterait toujours.

*
* *

Il n'y a pas à proprement parler de jeux de
hasard. — Au jeu le hasard est soumis à une
combinaison de forces qui émanent des individus ; et parce qu'elles semblent échapper à
toute direction, il ne s'ensuit pas qu'elles ne
puissent êtres conduites par la volonté individuelle ou collective.

*
* *

Ce n'est point par hasard, ou seulement en
vertu de la force du mouvement initial qui
lui est imprimé, que la bille à la roulette s'ar-
rête sur tel ou tel numéro. — A mesure que
l'impulsion donnée s'affaiblit, l'action de la
volonté des joueurs s'exerce davantage sur le
mouvement de la billette, qui finit par s'arrêter au point sur lequel se concentrent les plus
fortes volontés.

*
* *

Il n'est point indifférent pour la banque que
ce soit tel ou tel qui lance la bille à la roulette. Il y faut un homme de santé robuste et
de forte volonté. — Quand le croupier est las
ou distrait, la banque fléchit. — Il y a un

puissant intérêt pour la banque à entretenir ses croupiers toujours bien en forme.

*
* *

Le joueur témoigne du sentiment qu'il a de son action par la volonté sur les choses par le mouvement et de coude et de hanche qu'il fait par exemple pour diriger la bille au billard.

*
* *

Etre en forme au billard, c'est précisément posséder cette force qui pousse la bille à caramboler.

*
* *

Dans le phénomène dit des « Tables tournantes », il n'y a pas autre chose que la transmission dans la table de la volonté et de la pensée de l'opérateur et des assistants de corps et d'*esprit*. La table fera tous les mouvements, donnera toutes les réponses voulues ou consenties par l'unanimité des personnes présentes. — Mais il suffit d'une seule volonté forte pour contrarier ou annihiler toutes les autres volontés.

*
* *

Comment nier l'action de la volonté dans les péripéties du jeu, quand cette même volonté suffit pour imprimer le mouvement, donner l'esprit à la matière brute !

*
* *

A la guerre comme au jeu la volonté la plus forte — gagne, non pas la volonté du chef, mais la volonté collective; et le hasard vient toujours seconder cette plus forte volonté, et contrarier l'autre. — Il dépend souvent de l'action du chef que cette plus forte volonté soit ou ne soit pas. — C'est ainsi que la discipline fait la force des armées : toutes les volontés convergeant au même but.

*
* *

Le jeu et la prostitution sont les deux piliers de l'ordre capitaliste. Indispensables à la conservation, — par le mal qu'ils sèment, les ruines qu'ils accumulent, la société tout entière se trouve intéressée à leur disparition — dans un meilleur ordre de choses.

*
* *

On a beau être heureux par ses œuvres, on ne laisse pas de payer son tribut à la commune souffrance par le fait des œuvres d'autrui.

*
* *

Les obstacles que nous rencontrons à nos desseins, à nos désirs, plus souvent que nous ne pensons nous servent, comme nous nous sommes fréquemment bien trouvés de n'avoir point cherché à remonter certains courants qui semblaient devoir nous nuire.

*
* *

On ne sait jamais de combien d'accidents un accident nous sauve, comme on a souvent à se louer de ses déceptions.

*
* *

Que de maux nous avons laissé fondre sur nous pour n'avoir pas su prendre un parti à temps !

*
* *

Quand on est impuissant à diriger les évéments ou à y rien changer, tenons-nous-en au rôle de spectateurs patients. — Nous nous mettrons ainsi dans d'excellentes conditions pour agir — au moment opportun.

*
* *

« Ne remettez pas à demain ce que vous pouvez faire aujourd'hui ». — Bien plus souvent on se repent d'avoir fait aujourd'hui ce qu'on aurait pu remettre à demain. Il y a en tout un moment psychologique qu'il ne fau...drait ni avancer ni ajourner. — Tant qu'une chose sans inconvénients peut attendre, il y a toujours sagesse, souvent profit à la remettre.

*
* *

Je me demande si, en dehors de ceux qui n'ont nulle imagination — et même ceux-là — il est possible d'assez commander à son esprit pour l'empêcher de se perdre en des rêves décevants.

⁂

Nous pouvons sans grand dommage nous laisser bercer des espoirs les plus chimériques, puisque cela ne change rien à la réalité, à la condition que notre esprit prévenu ait déjà flairé la chimère.

⁂

Hélas! combien n'ont dû le pire destin qu'à cette folie de l'imagination qui, mirage trompeur, leur fait toujours voir les choses autrement qu'elles ne sont.

⁂

Il y a aussi une folie du cœur qui tout rempli de ce qui devrait être ne voit pas ce qui est.

⁂

Chaque chose a son bon et son mauvais côté. Les petits esprits ne voyant que le mauvais perdent inutilement à gémir tout le profit qu'il y aurait à tirer du bon — ou se complaisant dans le bon ne songent pas à se garer du mauvais.

⁂

Quand un bien vous échappe, songez à tous les maux qu'il aurait pu vous valoir; si c'est un malheur qui vous frappe, cherchez la compensation. — La chercher, c'est la faire naître.

*
* *

On ne voit bien que chez les autres les maux qu'un malheur nous évite.

*
* *

La première vérité philosophique qui m'ait frappé, c'est celle des *Compensations* Un temps même je me suis laissé séduire par le système d'Azaïs. — Il y a des compensations dans les choses, c'est certain ; et c'est ce qui nous rend la vie telle quelle encore supportable. Mais les compensations érigées en système, par lequel à la mort la somme des biens et des maux pour chacun est égale, ça ne résiste pas à l'examen.

*
* *

De nos bonnes comme ne nos mauvaises actions, rien ne se perd. De même que des premières un jour ou l'autre nous recueillons les fruits, ainsi des secondes nous portons incessamment le poids, ou tôt ou tard se produit l'incident qui nous les fait expier.

*
* *

Nul n'est sûr de son avenir. — C'est cette nuit de l'avenir qui gâte le présent, si même il est heureux. — Celui qui ne vit que pour le présent, se prépare un douloureux avenir.

*
* *

L'individu par ses propres forces, au milieu des occasions, des tentations qui s'offrent à lui à chaque pas, pour grande que soit sa force de résistance contre le mal à faire, est à l'avance vaincu. Et y en eût-il d'impeccables, le mal fait par les autres, directement ou par voie de conséquences, il ne se peut qu'ils n'en soient atteints.

***

On ne saurait rêver d'extirper l'idée du mal à faire du cœur de tous les hommes, non plus que leur donner la liberté de résister aux tentations ; mais par l'éducation il est possible de faire pénétrer dans tous les esprits l'immanente sanction du mal, et d'amener ceux-là même qui y sont le plus portés à désirer, à vouloir que la société les en préserve. — De cette volonté commune peut naître une société parfaite d'où, par le jeu incessant des actions bonnes et de leurs réactions, seraient bannis pour tous les retours de la fortune, et, par la prévoyance sociale, efficacement combattus les effets du hasard.

***

On a beau être né pour le mal, triompher par le mal, s'y délécher, s'y complaire, parce que le mal n'est pas dans la destinée de l'homme, on ne peut être heureux.

***

« Tout tourne dans la nature où tout est rond ». — L'homme, comme l'insecte, tourne autour de son intérêt ; et pour le bien servir il ne lui manque que de le bien connaître, — et pour le bien connaître, que de prendre conscience de la loi de *Solidarité*, qui, en faisant l'union des cœurs, réglera les volontés, établira l'harmonie.

*
* *

Dans la lutte du présent contre l'avenir, il en faut pour porter les coups, et d'autres pour les compter. Ceux qui les portent n'ont pas plus de mérite que ceux qui les comptent, chacun se comportant selon son tempérament et son esprit, et de la manière la plus propre à se faire valoir.

*
* *

L'amour du galon, du panache, du commandement, il est sans doute heureux qu'il y en ait qui l'ont, car ainsi se font des choses qui sans lui ne se feraient pas, et qui demandent à être faites. — Mais je ne puis me figurer que cette catégorie d'hommes poseurs, importants, hautains soient de la nature le chef-d'œuvre qu'ils s'imaginent, quand si simples, si modestes, si humains nous apparaissent tant d'hommes de mérite. — A ceux-là le présent ; à ceux-ci l'avenir.

*
* *

La morale des Jésuites — tant d'écriée — a du moins le mérite de s'adapter fort bien aux êtres et aux choses de la société présente ; et lorsqu'on en est fortement pénétré, on a infiniment moins de chances d'être dupe que fripon.

.·.

L'esprit jésuitique, utile à celui qui l'a, nuit aux autres, et nous n'estimons que ce qui nous profite. — Le jésuite déteste le jésuite. — Si les jésuites étaient les maîtres du monde, ils se dévoreraient entre eux : ils ne sont unis que pour la conquête.

.·.

Parlez-moi de la morale officielle : on n'a rien à craindre de celui qui la pratique, mais on a tout intérêt à ne pas la pratiquer.

.·.

L'Université lance dans la vie ses sujets — désarmés ; et s'ils ne se gâtaient au contact de la perversité ambiante, ils seraient sur tous les terrains battus par les clients des Jésuites, à qui, pour les batailles de la vie, leurs maîtres donnent, il faut en convenir, une éducation tout à fait supérieure. — Par elle on fait son salut et l'on travaille utilement pour la terre.

.·.

En tant qu'éducateurs les Jésuites ont le souci de mériter la confiance des familles. On n'a rien à reprocher à leur morale quant aux principes. Mais, dame, dans l'application, c'est autre chose. La règle est absolue, mais les faits sont contingents ; et comme nous vivons dans le domaine des faits, — par les compensations, les restrictions, les réticences, les opinions probables, les accommodements, nulle morale n'est plus ingénieuse à découvrir les circonstances où il convient pour réussir de faire plier la règle devant les faits.

.*.

Heureusement que dans nos collèges et nos lycées, en y introduisant le prêtre — plus ou moins imprégné de jésuite — on atténue, dans une large mesure, ce qu'il y a d'excessif dans la morale probe de nos grands classiques — bien faite pour inquiéter les parents qui rêvent avant tout pour leurs fils dans la vie — le succès. — Il est vraiment fâcheux qu'au-dessus de la morale des Jésuites, il y ait une morale universelle, éternelle — *une vertu dans les choses*, — qui la contrarie dans ses effets, et qu'aussi souvent que l'une vous élève, l'autre vous abaisse.

.*.

Sans les Jésuites l'Eglise moins puissante

donnerait moins d'ombrage : elle régnerait quelques siècles de plus.

*
* *

On parle de l'hypocrisie de l'Eglise. Au moins l'Eglise affecte-t-elle de croire aux dogmes qu'elle enseigne. — Mais que dire de l'Etat laïque et républicain qui, par la morale religieuse et la morale classique, fait enseigner des choses que ne croient ni ne pratiquent ses représentants les plus autorisés?

*
* *

L'enfant de l'Etat, comme celui de l'Eglise, dès son entrée dans la vie, s'y développe dans une atmosphère empoisonnée de mensonge ; et l'on s'étonne que le mal soit partout. — Mais pour grande que soit l'imposture, et si grands les maux qu'elle engendre, il nous en faut plus encore, puisque nous faisons si peu pour nous en sauver.

*
* *

Rien ne prouve mieux l'inflexibilité de la *Morale* que les énormités qu'on en tire, dès qu'on en vient à composer avec elle. — Et pourtant sans compromissions avec la morale, étant donné le milieu, on ne peut vivre.

*
* *

On ne saurait trop insister sur cette antinomie de la morale et des faits, par laquelle les mauvais désirs sont excités, les bons contenus. Et tant qu'elle durera, il n'y aura qu'anarchie, désordre et confusion — sans sécurité ni bonheur pour personne.

*
* *

A ne juger des choses que par ma propre expérience, — vu le point d'où je suis parti, le mal et les méchants au milieu desquels j'ai vécu, vu les fautes que j'ai faites, les erreurs que j'ai commises, vu mes *facultés*, — les circonstances n'ont pas laissé de m'être jusqu'ici favorables le plus possible, alors même qu'elles contrariaient le plus mes désirs, et semblaient devoir me décourager ou m'abattre. C'est ainsi que le hasard a presque à lui tout seul conduit ma destinée. Je n'ai fait que saisir au passage les occasions qu'il a mises en mon chemin. Et si la vérité me devra quelque chose, j'aurai tout dû aux circonstances, au hasard.

*
* *

Ce qu'on appelle le Hasard ne serait-il que la résultante de lois qui nous échappent, et dont il ne nous manque que de prendre conscience pour expliquer la raison des choses? Ne faudrait-il point en rechercher les causes dans la lutte des égoïsmes, le combat des passions? Ne serait-il point le *deus ex machina*, le régulateur du monde par lequel toutes les

15

forces s'équilibrent — dans le désordre et la confusion pour le malheur des hommes, dans l'ordre et l'harmonie quand à la guerre nous aurons fait succéder la paix ?

*
* *

Si l'on considère que ce sont les hommes justes qui le moins ont à se plaindre des coups du hasard, il n'est point téméraire de voir en lui un auxiliaire de l'*immanente justice*. — Si tous les hommes étaient justes et bons, le règne du hasard serait fini, ou tout au moins conjurés les maux qui naissent de lui.

*
* *

L'homme ne sera le maître de sa destinée que lorsqu'il aura domestiqué ce despote insaisissable qui se joue de nos projets, contrarie nos efforts, déjoue nos prévisions, détruit nos combinaisons, annihile nos volontés ; et peut-être n'attend-il pour abdiquer son empire que toutes les volontés soient tendues vers le même objet : assurer le bonheur de chacun par celui de tous.

*
* *

La faute appelle la faute, le mal appelle le mal, le crime appelle le crime. Il y a une logique dans les choses — qui nous fuit ; et là où nous ne voyons que la main de la fortune, si nous pouvions remonter aux sources, nous trouverions peut-être les traces d'une logique implacable.

*
* *

Tout individu qui porte en soi un don utile à lui-même ou à l'espèce, l'occasion de le développer, de l'utiliser se produit tôt ou tard. — Les ratés, qui s'en prennent à la malechance, aux circonstances, ont simplement cru qu'ils avaient des dons qu'ils n'avaient pas, ou portaient en eux des tares incompatibles avec le succès.

*
* *

Ne pourrait-on pas enfin voir dans le hasard la sanction de nos mérites et de nos fautes, la force mystérieuse qui conduit chacun à remplir sa destinée en raison de ses facultés, — le hasard ne cessant de nous favoriser que pour les sanctions nécessaires à l'enseignement des hommes, ou notre tâche personnelle remplie dans l'œuvre commune du progrès humain ?

*
* *

Un homme d'entreprise réussit toujours, quand de son entreprise doit naître un progrès — ou c'est que les temps ne sont pas encore venus.

* *
*

C'est ainsi qu'il semble qu'une fée prévoyante préside à la destinée des grands hom-

mes ; qu'elle les fasse naître au moment précis
où elle en aura besoin pour conduire certains
événements, ou répandre des idées nouvelles,
ou faire des découvertes opportunes ; qu'elle
les entoure d'un ensemble de circonstances
qui leur permet de développer pleinement
leur génie pour le bien — ou quelquefois le
mal des hommes dans des vues insondables ;
et nous comprenons que la théorie des hommes providentiels ait pu séduire un bon nombre d'esprits. Mais fût-elle fondée qu'elle n'en
ferait que mieux confirmer la nôtre : l'*impersonnalité humaine.* — Et s'il pouvait être établi
qu'il est une Providence qui dirige les grands
événements humains, l'humanité en serait
d'autant plus assurée de voir se réaliser un
jour ses rêves de bonheur. — La Providence
intervenant dans les choses d'ici-bas pour
des sanctions d'outre-tombe serait un non
sens.

Plus vraisemblablement le génie n'est qu'une
combinaison de forces inhérentes à la matière,
auxquelles il ne manque pour le produire
que des conditions favorables qui naissent
des jeux du hasard ; et ce sont ensuite les
circonstances et le milieu qui donnent au
génie son essor. Et tout naturellement il
s'explique que la matière organisée porte en
elle la propriété de découvrir les lois, de

pénétrer les secrets de la matière inorganisée.
Quoi qu'il en soit, l'étude de la vie des grands
hommes n'est pas sans nous laisser cette
impression que, un peu plus tôt, un peu plus
tard, le hasard s'entremet heureusement pour
faire naître les circonstances sans lesquelles
leur destin n'eût pu être rempli selon leurs
facultés.

Une autre thèse peut se défendre : comme
la plante est ingénieuse à utiliser tout ce qui
se trouve à sa portée pour acquérir une vitalité plus grande, — ainsi le génie, parmi les
milliers de faits contingents qui pèsent sur
notre vie quotidienne, est prompt à saisir tous
ceux qui peuvent le sauver du naufrage et le
conduire au port. Mais de l'une et de l'autre
thèse, ce qui se dégage encore et toujours,
c'est du génie la nature *impersonnelle*.

Je comprends que la vanité de certains
hommes de génie — qui se croient modestes
— trouve son compte à s'imaginer qu'ils sont
animés de l'esprit de Dieu; mais si cette
conception à leurs propres yeux les grandit,
il me semble que Dieu ainsi réduit à leur
mesure s'en trouve bien petit.

La nature a doté le rossignol de la faculté

de vocaliser des sons d'une mélodie telle qu'aucune voix humaine, nul instrument ne la peut égaler. — Je ne puis rien voir de divin dans le fait d'un cerveau organisé pour concevoir des airs, agencer des notes qui — par la voix, par le cor, par la corde ou le bois — se traduiront en sons plus ou moins harmonieux. Et l'art de disposer des mots dans un certain ordre, suivant certaines règles, pour en obtenir des effets et du rythme, ne me semble pas comporter la nécessité d'un don divin.

On pouvait encore à la rigueur croire qu'il y avait du divin dans l'homme qui, sur la toile ou par le marbre, représentait la divinité avec des traits surhumains, — au temps où l'on concevait Dieu un homme plus beau et mieux fait ; mais aujourd'hui que nous nous imaginons Dieu si grand qu'il échappe à toute conception, on peut être, semble-t-il, un grand sculpteur ou un grand peintre, sans que le bon Dieu y soit pour rien.

Dieu ! notre ignorance et notre vanité l'ont mis partout ; et la science, à mesure qu'elle progresse, ne le trouve nulle part.

Il y a tels événements qui, en dehors de notre action, au moins apparente, se produisent ou pour ou contre nous, et qui ne semblent pas trouver une explication suffisante dans le seul fait du hasard. Les uns veulent y voir la fatalité, les autres la prédestination, Mais ces événements n'ont plus rien qui nous surprenne, dès que l'on considère l'individu, ce qu'il est en effet, comme une partie d'un tout dont il lui est impossible de se détacher, en sorte que les actes, les sentiments, les imperfections, les passions, les préjugés des autres réagissent sans cesse sur nous-mêmes, changent la direction de notre vie, pèsent sur notre volonté et nous poussent vers telles ou telles destinées — ou nous font eux-mêmes notre destin. C'est ainsi que par un concours de circonstances que nous n'avons rien fait pour faire naître, il peut arriver que nous nous trouvions, par le fait de la méchanceté ou de la perversité d'autrui, engagés dans une voie sans issue. — Nous ne sortons des lois du *hasard* — à formuler que pour tomber dans celles de la *solidarité* — méconnues.

*
* *

Il n'y a de prédestination réelle que celle qui résulte de notre tempérament, de notre esprit, de notre caractère — qui dans les milieux où nous évoluons nous font nécessairement accomplir des actes en conformité des circonstances.

*
* *

« Ce qui doit arriver arrive. » — Cette parole n'est pourtant pas si folle que d'aucuns se l'imaginent. C'est l'instinct du peuple qui la lui fait dire. La raison du penseur la conforme en ce sens que par le seul fait qu'une chose arrive, c'est qu'elle devait arriver, mais en vertu de forces contingentes qui lui enlèvent son caractère de fatalité.

Au contraire cette autre parole : « Ce qui est écrit est écrit » m'apparaît vaine, parce que si je succombe par exemple sous les coups d'un meurtrier, il aura fallu qu'il se soit produit, tant par moi qu'en dehors de moi, un ensemble de faits d'ordre contingent, mais non point nécessaires. Sans compter que la circonstance la plus futile — de celles que la superstition populaire qualifie de providentielles — eût suffi pour faire échouer la tentative, ou dévier le coup qui m'était porté. De même si je meurs d'un chaud et froid, parmi les milliers de faits contingents qui pèsent sur ma vie quotidienne, il eût pu suffire qu'un seul ne se fût pas produit pour me soustraire à l'accident mortel.

Les croyants en la fatalité quand même me répondront sans doute que si cette circonstance, ce fait ne se sont pas produits, c'est

qu'il était écrit qu'ils ne se produiraient pas.
Je les laisse à leur opinion et pour l'instant
conserve la mienne. Cependant s'il était vrai
qu'ils eussent raison contre moi, toutes mes
théories de l'homme *impersonnel et irresponsable* s'en trouveraient fortifiées.

*
* *

Les phénomènes physiques se produisent
selon des lois immuables et nécessaires, en
vertu desquelles par exemple les mouvements, la constitution, la direction des planètes sont d'ordre éternel. Là rien d'acci
dentel : tout est nécessaire. Mais dans la vie
des individus, comme dans celle des peuples,
les plus petites causes déterminent les plus
grands effets. Les effets peuvent être nécessaires, mais les causes — contingentes. Toutes mes sensations, toutes mes pensées, tous
mes actes ont leur cause dans mon organisation, le milieu où je vis, les circonstances qui conduisent ma volonté ; mais mon
existence n'était pas nécessaire, l'union de
mes parents a été fortuite, l'acte par lequel
j'ai été créé, accidentel. Né viable, une épidémie, un accident eussent pu causer ma
mort, et je ne puis regarder comme fatale
la façon par exemple dont je mourrai demain.

*
* *

On peut considérer dans la vie de l'homme et
de l'humanité trois principaux ordres de faits :

1° Les faits accidentels dus à des causes accidentelles : un homme tombe et se casse la jambe ; 2° les faits nécessaires provenant de causes accidentelles : mon existence est accidentelle, mais tous les actes que j'accomplis en vertu de mon organisation sont nécessaires dans les circonstances où ils se produisent, mais ces circonstances sont fortuites ; 3° les faits nécessaires relevant de causes préexistantes et nécessaires, tels que ceux qui résultent des lois qui régissent l'humanité : loi de transformation, loi d'évolution, loi morale dans les choses, loi de solidarité dans les êtres, — et celle qui les synthétise toutes, *la loi de l'Humanité, la loi de l'Histoire*, en vertu de laquelle la race humaine, par le bien comme par le mal, progresse sans cesse et nécessairement. Et quant à remonter à l'origine de ces lois, — ne peut-il pas nous suffire de savoir qu'elles existent, sans autre cause à leur existence qu'elles sont nécessaires aux destinées de l'Humanité ? — Tant qu'elles ont été ignorées, et encore parmi la foule de ceux qui les méconnaissent, comment n'aurait-on pas fait, ne ferait-on appel à l'intervention d'une Providence pour expliquer l'inexplicable, comme c'est de l'ignorance des lois physiques qu'est sortie cette multitude de dieux qui ont si longtemps tenu lieu de tout savoir, de toute science !

Les choses étant ainsi, toute l'histoire de l'humanité est à refaire, faussée qu'elle est dans ses principes et dans ses leçons, *les hommes y étant pris libres et non point déterminés.* Chez les historiens futurs — et déjà l'on commence — les faits de l'histoire seront relégués au second plan, comme effets nécessaires, et mises au premier leurs causes, qui se dégageront de l'état mental des peuples, des conditions de la vie universelle et de la psychologie des principaux personnages, qui ne nous apparaîtront plus, dans le cadre où ils étaient placés, que conduits par des forces internes ou externes à subir ou à diriger tels ou tels événements. Et les grands hommes s'effaceront devant les grandes choses ; et l'historien ne retiendra les noms des personnages célèbres que comme acteurs des grands drames de l'histoire, pour nous les montrer — soit grands par leurs vertus et, dans les milieux où ils étaient placés, heureux le plus possible jusque dans l'infortune, — soit triomphants par leur perversité, jamais heureux jusque dans leurs succès, et par eux-mêmes ou par les choses toujours punis, — les uns et les autres, par leurs défauts comme par leurs qualités, contribuant au progrès humain.

*
* *

L'histoire ne nous fournit point d'exemple de prince belliqueux ou de grand conquérant qui ait voulu jouir en paix du fruit de ses victoires ou de ses conquêtes. Qui porte la guerre en soi la fait inévitablement, dans la mesure où les circonstances le lui permettent, comme il ne s'est point trouvé de prince, ami de la paix, qui de plein gré ait fait la guerre.

*
* *

Napoléon, après ses défaites, a bien pu regretter de n'avoir point traité de la paix à l'heure de ses succès; mais il est douteux qu'il se soit rendu compte qu'en raison de son organisation que tout portait à la guerre, il n'aurait pu conclure une paix durable. — Prisonnier à Saint-Hélène, ne dressait-il point encore des plans de bataille !

*
* *

Marc-Aurèle et Néron continueront à personnifier l'un la vertu, l'autre le crime, comme Lucrèce, la chasteté et Messaline, la luxure. Mais il sera bien entendu que Néron ne pouvait pas plus être un Marc-Aurèle que Lucrèce, une Messaline. Et cette constatation qui fera litière du mérite moral des uns et du démérite des autres, n'ôtera rien, au contraire, à notre réprobation ou à notre admiration pour leurs vices ou leurs vertus. La haine du mal s'enrichit de tout ce que nous enlevons à la haine des hommes; et la vertu brillera d'un éclat d'autant plus vif que, abstraction faite de l'homme, les meilleurs étant imparfaits, elle nous apparaîtra plus pure de tout alliage.

*
* *

L'Histoire ainsi entendue deviendra l'*Evangile de l'Humanité*. Il s'en dégagera une saine et pure morale, d'où sera absente la haine des hommes par le sentiment de leur irresponsabilité. Mais nos yeux se détourneront avec horreur de ces invasions, de ces guerres, de ces massacres, de ces pillages, de ces ruines, de ces assassinats, de ces proscriptions, de ces tortures, non point pour les condamner dans le passé, puisqu'ils trouveront leur explication, leur raison d'être dans les idées et les mœurs du temps ; puisque, étant donné l'homme primitif, il fallait que l'humanité passât par ces épreuves avant de s'épanouir dans l'humanité de demain ; — mais au spectacle de tant de maux causés par ces produits de la barbarie : la cruauté, la méchanceté, la perfidie, l'orgueil, l'ambition dévorante, l'ignorance, la superstition, nous apprendrons à mieux apprécier la douceur, la bonté, la sincérité, la modestie, la noble ambition, l'instruction, la science, filles de la civilisation ; et nos esprits s'ouvriront à la *Vérité*, nos cœurs à la *Justice*, et la *bonne nouvelle* se répandra par le monde, et, l'homme devenu bon, sur les ruines du *Mal* s'édifiera le temple du *Bien*.

*
* *

Les esprits religieux veulent voir l'intervention de la Providence dans le châtiment des méchants, alors qu'il n'est que dans l'ordre des choses, toute œuvre de mal comportant sa sanction nécessaire ; — et dans les maux comme dans les biens qui nous viennent les uns des autres éclate dans toute sa magnificence cette divine loi de la *Solidarité*, qui méconnue désagrège le corps social, mais dont l'acquisition par l'esprit humain, en ruinant le vieux monde, déjà déroule à nos regards ravis les splendeurs harmonieuses de la *Cité future*.

* *

Il y a une volonté de la Nature qui tend à l'amélioration de l'espèce. A mesure que cette amélioration se produit, ce sont pour l'individu des centres de plaisir qui s'effacent pour faire place à des centres nouveaux ; et dans cette ascension l'homme ne laisse pas de poursuivre le plaisir — l'universelle loi des êtres. — L'évolution se fera plus rapide à mesure que l'humanité prendra mieux conscience que le bien individuel ne peut naître que du bien collectif.

* *

La presque totalité des maux qui nous viennent des hommes et des choses, la pluralité de ceux qui nous viennent de nous-mêmes ont pour origine ou pour cause la défectuosité de l'ordre social et le mauvais emploi des forces individuelles.

* *

Je m'imagine que si, pour enseigner à la génération qui s'avance le *vrai* — si simple, on se donnait la dixième partie de la peine qu'on prend pour inculquer le *faux* — si compliqué, les intelligences les plus obscures s'ouvriraient à la vérité.

* *

Mais que voit-on, que trouve-t-on à la base de l'éducation ? — En deux mots, et pour ne lui prendre que ce qu'elle a de meilleur : une religion de miracles et de mystères auxquels nul homme sensé ne peut croire ; une morale de liberté, quand le déterminisme est la loi des unités et des collectivités ; — de devoir, quand tout est sacrifié à l'intérêt ; — de justice, quand tout repose sur l'iniquité — avec des sanctions d'outre-tombe qui n'effraient plus guère que les enfants ; ou, pendant que les habiles s'en moquent, les maladroits qui s'en inspirent sont meurtris à toutes les pierres du chemin.

* *

La morale religieuse est détruite par la science ; la morale classique est un défi à la réalité psychologique et morale, comme à la réalité sociale. Et devant cette confusion, ce néant des idées, comment s'étonner du désordre des faits !

***

A tant de philosophes fameux, cerveaux puissants qui ont étonné le monde par l'étendue de leurs connaissances, la profondeur de leurs conceptions, mais opposant doctrine à doctrine, système à système, il n'a manqué pour faire jaillir la Vérité et s'unir autour d'elle que de trouver la bonne source — tels une meute de chiens courants, lancés sur une mauvaise piste, se déchireraient entre eux, faute d'une bonne proie à dépecer.

***

Il est évident que si le cerveau humain était délivré dès l'enfance de tout ce fatras d'erreurs et de superstitions grossières qui le faussent et mis de plein pied en face des vérités acquises, chacun apportant son contingent d'efforts à la recherche de la pleine vérité, celle-ci tarderait moins à nous apparaître. — Mais je reconnais que pour les voies tortueuses où nous marchons, il peut être bon à quelque chose que l'enfant soit élevé dans l'ignorance de la Vérité.

***

La foule accepte toutes les idées qu'il plaît à l'élite de lui suggérer. Si l'on est divisé en bas, c'est que la division règne — en haut. — Et

quant à savoir pourquoi la division règne —
en haut, je vous engage à faire comme moi —
à le chercher.

*
* *

Si la division règne en haut, c'est, pour
l'honneur des grands, je me l'imagine, qu'aucun d'eux n'a trouvé la Vérité.

*
* *

La Vérité ! pour la sortir du puits, peut-être
n'aura t-il fallu qu'un homme qui la vît, et
qui, ne pouvant rien être que par elle, eût
intérêt à la produire toute nue.

*
* *

La voie étant ouverte, par ce que les philosophes nous ont donné dans le passé, il
n'est rien que l'on ne puisse attendre de leur
génie dans l'avenir.

*
* *

On a fait accepter à l'esprit de l'homme
mille fables ridicules ou monstrueuses. — Se
pourrait-il qu'il ne fût qu'inaccessible à la
Vérité !

*
* *

En dehors de la Vérité pleine — à conquérir, il y a un certain nombre de vérités scien-
tifiquement démontrées, un plus grand nombre de vérités probables, et plus encore de
contre-vérités établies, constatées. — Ensei-

gner les premières, discuter les secondes, écarter ou extirper les autres, telle est la tâche qui devrait incomber aux maîtres de la jeunesse à tous les degrés. A ce compte, on dotera les esprits d'un fonds de vérités qui les rendra aptes le plus possible à saisir par eux-mêmes ou par les autres les vérités nouvelles. — Les droits du père de famille, si tant est qu'ils soient, ne lui donnent sûrement pas celui de déformer l'intelligence et d'atrophier le jugement de ses enfants ; et il n'est pas davantage admissible que l'instruction publique dépende, à un degré quelconque, de parents ignares ou circonvenus. — L'éducation de l'enfant est un des droits imprescriptibles de l'Etat : c'est une des conditions de l'unité de la France, tant prônée par nos adversaires qui, s'ils étaient les maîtres, n'hésiteraient pas à la faire à leur image. Et ils seraient dans la raison. Croyants, ils feraient des croyants. Libres penseurs, nous voulons la pensée libre, et c'est l'affranchir que de donner à l'éducation pour base la Science et la Raison.

Nous ne reconnaissons, quant à nous, en fait de droits pour les parents que ceux dont ils ont besoin pour remplir leurs devoirs. Or nous sommes assuré que l'immense majorité a le souci de ces devoirs ; et si elle se trompe, on ne saurait le lui imputer à crime. Il est donc un point sur lequel nous sommes, je

crois, tous d'accord, c'est que le premier
devoir des parents, le plus impérieux, le plus
sacré est de travailler au plus grand bonheur
de leur progéniture ; et je ne vois guère
autour de moi que des gens qui s'y appli-
quent de leur mieux, chacun à sa façon. —
C'est d'ailleurs par cet amour inné de l'enfant
que tous les progrès se sont accomplis dans le
passé, qu'ils s'accompliront dans l'avenir.
Quels que soient nos imperfections, nos travers, nos vices, nous avons tous à cœur de
voir nos enfants meilleurs que nous, et plus
heureux ; et c'est à leur procurer ce plus de
bonheur que tendent tous nos efforts.

. Nous croyons avoir suffisamment établi ici
même après tant d'autres, et antérieurement
dans notre *Morale d'un égoïste*, qu'il ne peut
y avoir de réel bonheur pour personne en
dehors de celui de tous, et que la conquête du
bonheur pour tous ne peut se faire que par
l'harmonie des esprits et l'union des cœurs.
Or cette harmonie, cette union, comment
pourraient-elles s'établir tant que persistera
un système d'éducation, qui, en donnant aux
enfants des idées différentes sur toutes les
questions qui préoccupent l'homme social et
l'homme moral, n'en peut faire dans la vie
que des frères ennemis ! Ceux qui voient le
bonheur de leurs enfants dans le maintien des
privilèges, parce qu'ils en profitent et qu'ils
espèrent que leurs enfants en profiteront

comme eux, toute l'histoire de l'humanité, tous les faits quotidiens sont là pour leur crier leur erreur. Les acquisitions des parents se transmettent rarement au delà de la deuxième ou troisième génération, et se perdent souvent dès la première. Combien y a-t-il en outre de familles où les tares des uns ne fassent payer bien cher aux autres la supériorité de leurs facultés ! — Mais enfin, en tant qu'ils sont de bonne foi, ils sont dans leur devoir et dans leur droit en cherchant à faire prévaloir un système d'éducation différent du nôtre. Mais si la majorité est avec nous, elle doit imposer sa volonté — et d'autant plus fermement que c'est au présent à s'incliner devant l'avenir. Déjà les progrès de la science et de la raison ont fait justice de toutes les superstitions du passé ; et dans la lente évolution des peuples, à mesure que l'homme s'éclaire et se perfectionne, nous voyons s'implanter davantage les idées de fraternité et de justice, en lesquelles se réalisera l'inévitable avenir : le bonheur dans la perfection.

La perfectibilité de l'homme semble appeler une perfection supérieure qui l'explique et qui la justifie. Cet être pleinement parfait existe-t-il ? Nous le répétons : également audacieux nous paraissent ceux qui l'affirment et ceux qui le nient, encore que ceux qui veulent qu'on y croie en parlent de telle façon qu'on serait plutôt tenté de croire qu'il n'est pas.

Mais, s'il existe, sa perfection même implique qu'il ne peut souffrir, et que ne lui sont rien nos outrages ou nos adorations. — Sans être un homme absolument parfait, on peut être indifférent aux outrages des méchants. Que dire de Dieu qui les aurait faits ! Et si l'on est exempt de vanité, on est plutôt gêné des hommages des flatteurs, ni plus ni moins intéressés que ceux que les fidèles offrent à la divinité. Ajoutons que si Dieu est, il n'a rien fait pour être, et jusque dans ses perfections il est lui-même *impersonnel*.

Enfin l'homme devant accomplir sur la terre la destinée pour laquelle ses aspirations incessantes à la vie heureuse lui crient bien haut qu'il est né, n'a nul besoin pour la poursuivre de croire en une autre vie qui consacrerait cette suprême injustice : la récompense des bons, le châtiment des méchants. Bien plus cette croyance irait à l'encontre du but que l'humanité poursuit ; ce serait l'arrêt de tout progrès, si le progrès pouvait être arrêté, car, en vérité — et en cela le dogme chrétien est conséquent avec lui-même — que peuvent peser dans la balance des choses infinies le plus ou moins de bonheur ou de souffrances terrestres !

Les hommes ont partout et toujours fait les dieux à leur image. Tant vaut son dieu, tant vaut l'homme. C'est ainsi qu'il y a des hommes bons qui ne croient qu'en un Dieu infiniment bon : il ne peut vouloir le mal de ses créatures ; et s'il les a faites misérables ici-bas, c'est qu'il leur réserve dans une autre vie des compensations éternelles. Ainsi immortels nous jouirions en plus du privilège de créer, pour ainsi dire à volonté, de l'immortalité, et de l'immortalité bienheureuse ! Mais alors quels grands criminels ne serions-nous pas à nos propres yeux pour tant de semence détournée ou perdue ! — Il est vrai que l'Eglise réprouve absolument toute perte de semence, et abominable en cela, puisque, en outre de plus de mal sur la terre, au ciel à son dire il y a beaucoup d'appelés et peu d'élus.

Il est une autre solution de l'immortalité — très ancienne mais rajeunie par M. Camille Flammarion et ses adeptes : nous voulons parler de la transmigration des âmes — à travers les régions célestes. En dépit des quelques grands noms dont elle se recommande, nous ne pouvons voir dans cette croyance — qui est surtout une espérance — qu'un double phénomène d'atavisme et de suggestion. L'humanité s'est si longtemps bercée de cette chimère de l'immortalité, nos cerveaux en ont été tellement pénétrés par notre éducation première, et le milieu ambiant pèse sur nous d'un si grand poids, qu'il n'est pas trop de toute la force de notre raison pour la secouer. Ainsi s'expliquent tant de conversions *in extremis* — ou tardives, alors que nos facultés nous abandonnent, et que la vieillesse ou la maladie nous refont un cerveau d'enfant. Et en vérité, faut-il que cette empreinte soit forte, pour que l'esprit éminemment scientifique de M. Camille Flammarion ne l'ait pu sauver de ses rêves de poète, qui ne voudrait pas mourir, — pour que de sa grandiose exposition du système du monde, il ait été un des seuls à ne pas tirer la seule conséquence logique et nécessaire : pour l'homme après la mort — le néant. — Et d'ailleurs que m'importe qu'ayant déjà vécu je doive revivre encore, puisque non plus que de ma vie passée je n'aurai conscience de l'autre !

CONCLUSION

Sans remonter très haut dans l'histoire, et pour n'en relever que les traits les plus saillants, il y aurait injustice à ne point reconnaître que le christianisme, si malfaisant qu'à certaines époques il se soit montré, n'a pas laissé, et jusque de nos jours, de conserver à son actif une somme de bien sensiblement supérieure à celle du mal qu'il est permis de lui attribuer ; et c'est ce qui explique que nous voyions encore des hommes de valeur le défendre avec conviction. C'est que l'Église n'a pas que dressé des bûchers, fomenté des guerres, étouffé la pensée libre, elle a été pendant de longs siècles d'ignorance et de barbarie la grande, l'unique consolatrice des cœurs brisés ou meurtris, et la crainte du Seigneur est encore pour beaucoup le commencement de la sagesse. — Si d'ailleurs, à sa naissance, le christianisme n'eût pas répondu à un besoin, à une nécessité du moment, comme

tant d'autres religions mort-nées ou préma-
turées, tels le culte de la Raison, la religion
de l'Humanité, l'Altruisme, il n'aurait pu
prendre racine, ni plus tard se développer,
faute d'un milieu favorable. Au travers du
mal qui pousse de partout, c'est toujours le
moindre mal qui triomphe, et chacune de
ses victoires est une étape vers le mieux. —
Ainsi il s'éteindra normalement, quand sa
mission aura été pleinement remplie. — Il
est actuellement nécessaire qu'on l'attaque
sans merci pour préparer, amener sa disso-
lution ; il ne l'est peut être pas moins qu'il
se défende pour amortir certains chocs et
ménager la transition. Le brusque passage
de la foi religieuse, quelque atténuée qu'elle
soit, à un athéisme plus ou moins déguisé
n'est pas possible, n'est peut-être pas même
désirable. Ajoutons que si le christianisme
à survécu à tant de tempêtes, c'est qu'à
vrai dire, en raison de l'état des esprits et
des conditions de la vie universelle, on n'a
rien eu jusqu'ici à mettre à la place. Et si
rien d'autre n'est sorti ou n'a pu mûrir,
c'est que les temps n'étaient point venus. En
fait il ne peut utilement disparaître qu'avec
l'ordre social qu'il étaye ; et je l'entends tous
les jours défendre par de très bons argu-
ments au regard de l'esprit conservateur.

C'est pourquoi nous voyons la bourgeoisie jadis voltairienne, naguère encore républicaine, faire de plus en plus cause commune avec le clergé rétrograde. Mais toutes ces forces de conservation ou de réaction seront brisées, parce que, l'élan étant donné, le peuple se rallie de plus en plus à la République démocratique et sociale, et qu'il trouvera toujours dans la bourgeoisie même des chefs pour le conduire, les uns par haine de l'obscurantisme, les autres par ambition, le plus petit nombre par pur amour du Progrès et de l'Humanité.

La morale officielle, annihilée dans ce qu'elle a de sain par les faits sociaux, ne repose pas sur des bases sensiblement plus sérieuses que la religion chrétienne ; elles ne se combattent d'ailleurs que pour la forme ; en réalité elles sont étroitement unies par leurs sanctions d'outre-tombe pour la défense ici-bas de tous les privilèges. La seconde a pourtant sur la première cet avantage que par ses manifestations extérieures, elle plaît à l'âme des foules, comme par ses côtés mystiques elle va droit aux cœurs avides de consolations extra-terrestres, — tandis que celle-ci inaccessible à la masse, sans fondement solide comme sans idéal, ne satisfait pas même les esprits distingués qui la font ou qui la prônent. C'est ainsi que nous tenons de la bouche d'un philosophe de grand renom, et qui connaît bien le monde des moralistes, ces mots significatifs : « La morale, la morale, voyez-vous, plus on en fait, moins on en a ». C'est que la morale courante purement conventionnelle et toute de surface, à l'égal des religions, à mesure qu'on la creuse on la sent qui s'effrite de toutes parts ; et plus on la sonde, plus se montre béant, plus apparaît profond le gouffre où se cache la vérité. — Ainsi, tel un vaisseau sans gouvernail et sans pilote, la société s'en va à la dérive, faute d'une morale qui, solidement établie sur la connaissance de l'homme et de sa destinée, l'éclaire et la guide en sa marche.

A l'avènement du christianisme, deux mondes étaient en présence : le monde civilisé absorbé par l'empire romain et le monde barbare, qui le menaçait de toutes parts. Le choc de ces deux mondes, leur fusion étaient nécessaires à la marche de l'évolution. La conquête, son œuvre achevée, la fusion ne pouvait plus se faire que par l'invasion.

L'empire romain profondément corrompu par le mélange de toutes les civilisations du passé, qui lui avaient apporté chacune ce qu'elle avait de pire, était condamné à dis-

paraître, comme il avait fallu qu'il se constituât. Et si nous jetons ici un regard en
arrière, il n'est pas possible de découvrir dans
l'histoire d'aucun peuple un seul fait de
grande, petite ou moyenne importance, qui ne
trouve son explication, sa raison et sa cause,
pour ainsi dire nécessaires, dans la moralité
des personnages et dans les conditions de la
vie universelle, et qui n'ait contribué, dans
le présent ou l'avenir, au progrès de l'humanité. Bien plus, pour cette fin, le caractère,
la foi des peuples furent ce qu'ils devaient
être. Que sert-il donc de disputer sur les
voies et moyens, qui ne pouvaient être que
la résultante des mœurs et de l'esprit du
temps, c'est-à-dire la guerre implacable et
cruelle ! — Donc l'empire romain, après
avoir étendu sa domination aussi loin que le
comportait l'état du monde à cette époque,
devait s'écrouler, et sa propre corruption
était la condition obligatoire de cet écroule
ment. A l'époque des grandes invasions il
n'était déjà plus qu'un cadavre ; et l'absence
de résistance diminua d'autant les atrocités
de la guerre.

L'élément barbare, avec ses dieux de
meurtre et de sang, portant dans son sein
tous les vices de la primitive nature, avait
besoin, pour son relèvement, de trouver autre

chose devant lui que la pourriture romaine, et, disons-le aussi, autre chose que les hautes conceptions philosophiques qui ont fait la gloire d'Athènes et de Rome. Cet autre chose fut le christianisme, par lequel les mœurs romaines avaient déjà reçu un commencement d'épuration, et dont l'influence sur les mœurs barbares fut sans conteste bienfaisante. La sensualité raffinée des uns, la sensualité bestiale des autres rencontrèrent partout et toujours en lui un ennemi irréductible. Et l'on ne peut pas même accuser ses pontifes d'imposture pour l'avoir couvert du manteau de la divinité, parce que pour s'imposer à la superstition, aussi grande chez les vaincus que chez les vainqueurs, le caractère divin était nécessaire à son action aussi bien qu'à son existence. L'on ne saurait davantage reprocher à la religion chrétienne ses évolutions constantes, qui ont été, sont encore pour elle une question de vie ou de mort.

Sans doute au contact des mœurs dissolues au milieu desquelles il leur fallait vivre pour les combattre, ses ministres se sont trop souvent pervertis eux-mêmes, et beaucoup n'ont pas laissé de donner au monde des exemples détestables, mais il n'en pouvait être autrement. La chasteté imposée, si nécessaire qu'elle fût alors pour réagir par le contraste sur l'incontinence des peuples qu'il s'agissait de moraliser, n'en est pas moins un outrage à la nature, et conduit tout droit certains sujets à la dépravation et à l'impudicité. Et puis la pure vertu est encore de nos jours un fruit vraiment trop rare, pour qu'à la saine moisson il ait pu ne pas se mêler beaucoup d'ivraie — d'autant que l'ambition, le souci d'une vie plus assurée, à l'égal de la foi, ont dû nécessairement attirer dans son sein bien des hommes, et que beaucoup, hommes et femmes, n'y entraient qu'à l'avance corrompus. Mais au milieu du désordre des passions, parfois contenues sous les gouvernements sages, plus souvent déchaînées par les exemples venus d'en haut, au point qu'à certaines époques il semblait que l'immoralité allait tout emporter, et si peu qu'elle en fût elle-même préservée, l'Église, à ces époques de tourmente, osait seule élever la voix ; et le fond de superstition qui subsistait au cœur des plus dépravés, lui a maintes fois servi à conjurer la tempête et secouer l'opprobre et la fange où l'on eût pu croire l'Europe définitivement plongée.

C'est du sein même de la prostitution, en

bas comme en haut, partout triomphante —
tel le remède naît du mal — qu'est sortie
la chevalerie, cette fine fleur de vertu qui,
en poétisant l'amour, réhabilitant la femme,
nous donne un avant-goût de ce que sera
demain l'amour, quand la femme, affranchie
de toute servitude — servitude du travail,
servitude des sens, servitude du cœur, —
par la beauté, par la grâce, par l'esprit,
sera devenue la reine du monde, la libre
dispensatrice de ses faveurs aux plus aimés,
aux plus dignes. Et l'on ne peut pas nous
objecter que c'est là un rêve d'utopiste,
quand ce rêve à peu de chose près a été
vécu — par une élite sans doute ; mais
pour que la foule devienne élite il ne faut
qu'un milieu favorable, et ce milieu, il ne
nous paraît pas au-dessus des forces de
l'homme de le faire naître.

Les croisades, nées d'un grand souffle
d'inspiration religieuse, en remettant en
contact l'Europe et l'Asie qui depuis des
siècles semblaient s'ignorer, ont été pour la
civilisation du monde un bienfait incomparable, et la guerre des Albigeois a préparé
l'unité de la France. Quant aux extermina-
tions, aux massacres qui en ont été les conséquences, ils ne se fussent point produits
s'ils n'eussent été dans l'esprit et les mœurs

des peuples ; et l'historien ne doit et ne peut voir en eux que des moyens indispensables au but à atteindre. Tant que les nations ne se seront point délivrées de ce goût de la guerre et du sang, encore en nous subsistant de la barbarie ancestrale, la civilisation, le progrès ne pourront s'accomplir que par le sang et la guerre. Les guerres sont la conséquence du tempérament des nations, et elles se font à l'image des peuples. En l'occurrence les peuples étaient ce qu'ils pouvaient être, et j'ajouterai ce qu'il fallait qu'ils fussent.

C'est parce que l'orthodoxie romaine représentait un idéal supérieur à tous les schismes qu'elle a broyés, à toutes les hérésies qu'elle a détruites, ou qu'elle répondait mieux aux besoins, aux aspirations des temps, qu'elle leur a survécu. — Si le mahométisme a prévalu dans les pays chauds, c'est d'abord qu'une religion qui sanctifiait la malpropreté y heurtait par trop les lois de l'hygiène, et qu'ensuite en des contrées où la femme à 25 ans est vieille, la monogamie ne pouvait s'implanter. Et pour le triomphe de l'une et de l'autre, chacune en les milieux appropriés, encore une fois, avant de condamner et de flétrir les excès commis, il convient de se demander si, étant donnés les hommes, les sociétés, ce qu'ils étaient, on pouvait par des voies plus humaines atteindre aux mêmes fins. La négative excuse tout en l'expliquant. — Le Progrès, pour accomplir son œuvre, ne peut se servir que des éléments dont il dispose, et tant valent les éléments, tant valent les moyens. Ces éléments sont les hommes qui ne peuvent fournir que les actes pour lesquels ils sont organisés, dans les milieux où ils sont placés, et en raison des circonstances qui les conduisent. Il ne faut chercher de responsabilité ni dans les hommes ni dans les choses, parce qu'hommes et choses se modifient, se transforment nécessairement sans autre cause que la loi d'évolution que l'humanité a trouvée dans son berceau, et qui préside à tous les faits de l'histoire. Du moment qu'il est impossible de transformer d'un coup la mentalité d'un peuple, dans chaque génération les idées des hommes forment un bloc dont toutes les parties sont nécessaires, les unes pour assurer le présent, les autres pour préparer l'état mental de la génération qui pousse ; *et toutes les forces qui s'agitent en l'homme : l'amour, la haine, la cupidité, l'avarice, le dévouement, le désintéressement, le sacrifice, l'orgueil, l'ambition, l'envie, la clé-*

mence et la vengeance, toutes nos vertus, tous nos vices sont autant de moteurs de l'évolution sociale.

Après qu'une Voyante eut sauvé la France de la domination étrangère, si le roi Louis XI n'eût pas été le fourbe que l'on sait, si plus tard Richelieu et Mazarin n'eussent pas rayé le sentiment de leur programme, les splendeurs du siècle de Louis XIV n'eussent pas vu le jour. — Mais toujours il se produit à point des hommes pour faire les choses qui demandent à être faites pour le Progrès humain.

Entre temps nous avons eu les guerres d'Italie, qui ont tant contribué à réveiller en France le goût des Lettres et des Arts, jusque-là confinés dans les limites de la Péninsule. — Il n'est pas jusqu'à ce « *mal de Naples* », importé par nos officiers et nos soldats, qui en intéressant chacun à réfréner ses débauches — dans un temps où la dépravation avait tout envahi, tout gangrené, où l'Église romaine, donnant l'exemple des pires luxures, était sans autorité et sans voix — n'ait exercé une influence salutaire sur les mœurs, dont la corruption était à son faîte montée.

Les scandales de la cour de Rome et du clergé dans toute la chrétienté ont donné naissance au protestantisme, qui n'a pas seulement fait faire un pas immense à l'émancipation des esprits, mais encore contribua pour beaucoup, par ses exemples et la violence de ses attaques, à l'épuration des mœurs du clergé catholique.

Les guerres religieuses ont été surtout des guerres politiques. A une noblesse oisive qui ne vivait que pour la guerre, il la fallait sous une forme ou sous une autre. Elles se sont terminées par l'abaissement des nobles qui avaient espéré en faire l'instrument de leur indépendance, et par le triomphe de la royauté, étape nécessaire pour tirer de l'ombre la bourgeoisie d'abord, et préparer la victoire, hélas ! encore lointaine des peuples réconciliés dans un généreux élan de justice et de fraternité.

La révocation de l'Edit de Nantes a affaibli la France ; l'Europe y a gagné ce que nous y avons perdu. Il a fallu tout l'orgueil du roi-soleil pour domestiquer et avilir cette noblesse si superbe et si fière, comme il a fallu les désastres de sa fin de règne, les scandales de la Régence, le règne honteux de Louis XV, la faiblesse et l'aveuglement de Louis XVI, toute la misère du peuple pour faire jaillir la Révolution. Nous attendrirons-nous en passant sur la triste fin de

Louis XVI et de Marie-Antoinette, qui en trahissant la Révolution sont restés fidèles à leur principe ? Ni plus ni moins que sur les autres victimes, tant intéressantes soient-elles, de ces époques de trouble et de tourmente. Assez d'autres donnent carrière à leur sensibilité en s'apitoyant encore sur la mort de Socrate, de Jésus-Christ, de Jeanne d'Arc ou de Jean Huss, comme s'ils seraient moins morts, parce que dans leur lit. Pour nous la façon dont on est mort n'est rien, celle dont on vit est tout, et toutes les souffrances du passé ne valent pas un cri de détresse échappé d'une poitrine mortelle. L'histoire du monde est si remplie des victimes de la tyrannie, de l'intolérance, de la superstition, qu'à nous attarder à gémir sur elles, il ne nous resterait plus une minute pour servir le présent et préparer l'avenir. C'est pourtant ainsi qu'on prétend endormir notre douleur vécue, nous habituer à nos maux, en nous montrant les martyrs du passé. Il est temps que cela finisse. Il ne faut pas que leur martyre soit perdu pour nous ni pour nos descendants, et il ne le sera pas s'il nous apprend à mieux haïr la tyrannie, l'intolérance, la superstition, afin d'en sauver les autres et nous en sauver nous-mêmes. Aucun de ceux qui se sont volontairement sacrifiés à la cause de la vérité ou de la liberté, n'eût de son vivant supporté d'être plaint. Et dans les honneurs que nous leur rendons, s'ils pouvaient nous entendre, s'ils pouvaient nous parler, ce serait pour nous dire de vivre comme eux au risque des mêmes fins. D'ailleurs bourreaux et victimes, dans les grands drames de l'histoire, aux uns et aux autres, dans les milieux, les circonstances où ils ont vécu, leurs facultés leur ont fait leur destin. Qu'ils nous soient donc un enseignement pour bien vivre, un enseignement pour nous sauver les uns les autres des fins malheureuses, et des sacrifiés les vœux les plus chers auront été remplis !

La Révolution a été admirable dans ses principes, parce qu'ils émanaient de l'élite intellectuelle et morale, horrible dans ses actes, parce que la mentalité des foules était aussi basse que la moralité de certains chefs. Et puis tant de haine s'était amassée au cœur des peuples par tant de siècles de honteuse servitude et d'affreuse misère que, le jour venu, les représailles ne pouvaient être qu'atrocement sanglantes. Autrement les esprits n'étaient point mûrs pour la moisson glorieuse. On avait marché trop

vite : tout fut à refaire. Mais l'idéal était entrevu et la voie était tracée.

La tempête dissipée, la France se donna
de nouveaux maîtres, qui ne valurent pas
sensiblement mieux que ceux qu'elle avait
chassés. Ce n'est pas en quelques années
qu'on peut ainsi de fond en comble transformer les mœurs, l'esprit d'un peuple : il y
faut une longue préparation. Aussi se pro-
duisit-il rapidement un retour offensif de la
corruption et de la débauche un temps contenues, retour qui devait être fatal à la liberté.

Les guerres glorieuses de la République,
du Consulat et de l'Empire ont porté dans
toute l'Europe, jusqu'au sein du carnage, les
idées d'égalité et de fraternité qui avaient
été l'honneur et la gloire de la Révolution.
Ce ne fut pas en vain pour l'opinion que
tant de trônes furent élevés et détruits. Le
respect comme le principe de la monarchie
s'en sont trouvés singulièrement ébranlés ;
et les plus fiers monarques ont appris à
compter avec la volonté de leurs sujets. Aujourd'hui partout chancelants sur leurs
trônes, ils assistent, impuissants à l'étouffer, au réveil des peuples, tirés de leur torpeur par ces mots magiques : Liberté, Egalité, Fraternité. Et à les voir, sultan, rois et

empereurs, tous dégénérés, s'appliquant chacun dans sa sphère et selon les besoins de la révolution, comme si la fortune les voulant perdre les eût frappés d'aveuglement, à ne rien laisser tomber de ce qui peut hâter leur chute — on se demande si le Destin ne les a pas placés là, à point nommé, pour que pût s'accomplir partout à la fois l'œuvre de réparation et de justice.

Cependant le géant des batailles, aveuglé par ses succès mêmes, allait toujours défiant la fortune : il tomba. Pacificateur, s'il eût pu l'être, après avoir été conquérant, il eût consolidé nos fers. D'autre part, ces grandes hécatombes étaient si nécessaires qu'elles n'ont pas suffi à éteindre les ardeurs belliqueuses des peuples. Que même il se trouve encore des hommes, et non des moindres, pour glorifier la guerre. Si d'autre part Napoléon n'eût eu pour complice de ses attentats à la liberté la majorité de l'opinion, tout au moins la lâcheté, la cupidité, les vices de ses courtisans, il eût, par nécessité ou contrainte, arrêté le cours de sa monstrueuse ambition.

Les efforts de la Restauration pour ramener la France vers un passé à jamais condamné, ont occasionné sa chute. — Le règne de Louis-Philippe a été fécond pour la liberté. — Les hommes de 48, emportés par leur idéal de fraternité et de justice, mais non suivis par le peuple que rien n'avait préparé à ce grand œuvre, ont bien vite fait place à des hommes de réaction. — La prospérité impériale a donné à la masse de la nation le goût de bien vivre. Nos désastres de 1870 n'ont pas peu contribué à calmer un chauvinisme exalté, dont nous ne sommes qu'insuffisamment guéris. La victoire nous eût fait le peuple le plus vaniteux et le plus insupportable de la terre ; et elle eût pour longtemps encore étouffé l'esprit de progrès et de liberté.

La création des armées nationales, nées pour chaque peuple des besoins de la défense, en incorporant les timides et les braves, les riches et les pauvres, n'a pas que préparé la paix future en y intéressant davantage le plus grand nombre, elle a considérablement affaibli les moyens de coercition du pouvoir contre les revendications du prolétariat, ainsi facilité les voies à l'évolution ou à la révolution, et chez nous rendu presque impossible la contre-révolution par le sabre. C'est là un résultat que n'avaient sûrement pas prévu les fondateurs de la puissance politique de la Prusse, qui elle-même périra de ce militarisme à outrance par lequel elle s'est constituée. — Ajoutez que la puissance de nos engins destructeurs — nouveau service rendu à la paix par la science — donnerait à la guerre un tel caractère d'atrocité, que les plus déterminés, au moment décisif, hésiteraient à l'engager, d'autant qu'il n'est nullement prouvé que de la guerre imposée par les gouvernants il ne sortirait pas une suprême révolte des peuples pour la ruine des monarchies.

La République, pour n'avoir rien tenu de ses promesses, or à mon sens elle ne les pouvait tenir sans démolir l'édifice, et, si les temps sont proches, ils ne sont pas encore venus — n'en a pas moins, par la liberté de parler et d'écrire, profondément modifié la mentalité des masses, où semblent chaque jour s'infiltrer davantage des sentiments de solidarité et de justice. Combien d'épreuves aurons-nous à subir pour les réaliser? C'est le secret de l'avenir. Quoi qu'il en soit, et de quelque poids que pèse encore sur nous l'esprit de privilège, on ne saurait nier qu'il se soit accompli dans les idées depuis 30 ans une évolution immense ; et c'est par l'idée qu'en fin de compte le bien triomphera du mal. Peut-être aussi ne manque-t-il à ce triomphe que le mal soit devenu plus intense ; et dans ce cas il faut être bien aveugle pour ne point voir que nous y marchons à grands pas.

Aussi bien, le péril social, tout le monde le voit. Les uns y poussent, les autres cherchent à l'enrayer ; beaucoup, pour sauver la société, la leur, mettent tout leur espoir en une contre-révolution bien invraisemblable, mais qui, si elle venait à se produire, aurait une telle répercussion dans toutes les parties de l'organisme capitaliste, qu'au lieu de l'affermir elle ne ferait que l'ébranler davantage et précipiter sa chute. — En fait l'ordre capitaliste s'effondrera tout seul par l'impossibilité où il se trouvera de plus en plus de satisfaire aux appétits des uns, aux aspirations des autres, aux besoins du plus grand nombre. Les progrès de la science, l'envahissement du machinisme, les grandes associations financières aggravent de jour en jour la crise économique et sociale, en attendant que d'instruments de servitude et de misère nous en ayons, avec des idées plus saines et plus conformes à notre intérêt bien entendu, fait les libérateurs de la souffrance, les facteurs de la liberté.

A mesure qu'avec moins d'hommes et moins de bras les grandes exploitations, secondées par la science et les machines, accroissent la production, elles réduisent le nombre des producteurs et des travailleurs de tout ordre, et augmentent nécessairement celui des sans-travail et des parasites, escrocs, fonctionnaires, moines ou mendiants. L'ancien équilibre est rompu ; il y a pléthore partout, dans l'industrie, le commerce, l'agriculture, les professions libérales, les professions manuelles, le fonctionnarisme, et les capitalistes ne sont pas contents. C'est la crise dans tous les rouages de la machine capitaliste : crise des capitaux, crise de l'agriculture, de l'industrie et du commerce, crise de la littérature et de l'art, crise de la famille, crise du mariage, crise religieuse, crise universitaire, crise d'Etat. De toutes les branches de l'activité humaine, je n'en vois qu'une qui se maintienne bien ou qui propère : c'est la prostitution. Et comme c'est elle qui tient tout, sauve tout, à mesure que la fortune publique se concentrera dans un plus petit nombre de mains, là aussi viendra à sévir davantage la crise par l'excès de l'offre sur la demande : le grand régulateur sera rompu. Ce sera la fin. Mais comme aussi les périodes de grande corruption ont toujours été les précurseurs des grandes rénovations, aveugle qui dans ces faits ne veut point voir les splendeurs de l'avenir... C'est qu'en effet nous ne laissons pas d'être le peuple le plus industrieux, le plus artiste, le plus riche de l'univers, et notre disette ne nous vient que de la pléthore, et nous pourrions en quelques années, tripler, quintupler la production.

Un dernier mot sur l'esprit religieux, car c'est à lui qu'empruntent toute leur force les sectateurs du passé. Disons que son influence réside bien moins dans la conquête des âmes que dans les coutumes du peuple et les intérêts des grands. La foi est à peu près partout défaillante ou éteinte. Elle tombera peu à peu d'elle-même sous l'indifférence publique, à mesure que la révolution donnera à la démocratie plus d'instruction, plus de justice et plus de bien-être. Il ne sera nul besoin de la persécuter. D'ailleurs la persécution n'est point dans nos cœurs, mais y fût-elle que nous serions bien embarrassés pour l'exercer sans nous persécuter nous-mêmes, dans la personne de nos femmes, de nos mères, de nos filles et jusque de nos maîtresses. La religion possède en effet dans la place, jusqu'au foyer de la plupart d'entre nous, dans la femme, un auxiliaire trop zélé et trop puissant pour avoir rien à redouter de la persécution ; et ses ministres le savent bien, et c'est ce qui redouble leur audace.

Aussi bien, pourquoi diable les féministes des deux sexes s'en vont-ils réclamant pour la femme les droits politiques ? Ce qui m'étonne, c'est qu'ils n'aient point avec eux dans cette campagne la réaction tout entière. La femme, beaucoup moins que ¹ homme, libérée des dogmes révélés, est par esprit comme par tempérament plutôt rétrograde, et à ce titre incapable de s'affranchir par elle-même ; c'est l'homme qui l'affranchira, et il le lui doit bien pour l'avoir tant de siècles asservie. Que les femmes d'esprit libre nous aident donc dans cette tâche ! Mais la femme éligible, ou seulement électeur, ce serait nous ramener à deux siècles en arrière. J'applaudis à la femme artiste, poète, littérateur, conférencière, journaliste, avocate et médecin, d'autant plus qu'elles ne seront jamais qu'en petit nombre : mais la femme conseillère municipale ou générale, mairesse, députée ou sénatrice, ministresse, les femmes enfin se mêlant à nos luttes politiques, mon horizon ne s'étend pas jusque-là. C'est pour le coup qu'après les avoir introduites dans la place, elles nous diraient : La maison est à nous, c'est à vous d'en sortir. Et elles y introduiraient qui ? le prêtre.

Sur ce point-là messieurs les féministes sont des farceurs, et ils savent bien que ça n'arrivera pas. Et il est d'autant plus inutile que cela arrive que les femmes intelligentes ne manquent pas d'autres moyens, et elles s'en servent, d'exercer leur action sur la marche des événements, le mouvement des idées, voire même sur la direction des affaires publiques ; et je ne veux parler que des moyens connus, avouables, honnêtes, les autres sont par surcroît, et l'on sait le rôle qu'ils ont joué dans l'histoire. Ce n'est pas en effet dans les parlements que se préparent, s'élaborent les grandes réformes, mais dans la presse, dans le livre, dans les conférences, dans les réunions où la femme doit avoir sa place marquée : les parlements ne sont à proprement parler que des chambres d'enregistrement. Quand il y a dans le pays une majorité pour accueillir une réforme, elle aboutit toujours au parlement ; mais pour contrebalancer l'influence occulte de la femme, il est nécessaire que les hommes seuls y siègent et y votent.

Quant à s'étonner que la division règne dans nos assemblées législatives, qu'on mette dix ans, vingt ans pour faire aboutir une réforme, souvent plus pernicieuse en ses effets immédiats que le mal qu'elle prétend conjurer, c'est plutôt le contraire qui serait pour nous surprendre. Les assemblées sont faites à l'image des peuples qu'elles représentent ; et l'on s'entendrait fort bien au parlement, si l'on était moins divisés dans le pays. — Mais, divisés, comment ne le serions-nous pas, quand les préjugés de la famille, les différences sensibles d'éducation nous font des cerveaux tout discordants, et que, lorsqu'on en vient à agiter les questions d'intérêts, nos sociétés présentent cette particularité bizarre que les intérêts des particuliers, des États y étant solidaires, on ne peut rien trouver qui, utile aux uns, ne nuise aux autres. — Ah ! quand les peuples auront pris conscience de cette loi universelle de la solidarité, il restera bien peu de chose à faire pour amener le règne de la concorde et de la fraternité.

Nous terminerons ce rapide aperçu de l'évolution humaine, plus particulièrement observée dans les faits de notre propre histoire, par quelques considérations d'ordre très actuel, nous voulons parler du rôle et de l'utilité des missionnaires à l'étranger. Nous chercherons là comme partout à voir les choses sans parti pris d'aucune sorte, n'ayant rien à ménager que les intérêts de la vérité. Nous dirons donc qu'en raison des conditions de la vie universelle et de notre propre·esprit, les missions ne laissent pas de nous apparaître encore efficaces et nécessaires au progrès de l'humanité, par les difficultés mêmes qu'elles nous créent partout et que nous sommes amenés à trancher les armes à la main. La théorie par laquelle on devrait laisser les peuples moins avancés en civilisation s'administrer, se civiliser eux-mêmes, en un mot vivre à leur guise, mise en pratique, irait à l'encontre du progrès universel. Elle ne peut d'ailleurs pas être suivie : la force d'expansion, la nécessité de la fusion sont des lois organiques que la race humaine porte en elle, par lesquelles sans le savoir elle s'est jusqu'ici laissé conduire, et auxquelles elle ne peut pas ne pas obéir, car il ne peut pas être que les volontés individuelles se concentrent pour faire échec à une loi naturelle. Mais ce qui est au pouvoir de l'homme, c'est, à mesure qu'il prend mieux conscience des lois qui règlent sa destinée, de créer des circonstances, des milieux favorables par lesquels elles puissent produire leurs pleins effets à son moindre dommage et pour son plus·grand bien. — L'homme en un mot ne peut pas arrêter la marche de l'évolution, mais il lui est possible de la faciliter, de la précipiter.

De même que l'Angleterre a dû en grande partie à ses missionnaires protestants son immense empire colonial, qui s'effondrera un jour ou l'autre, quand il aura rempli sa mission civilisatrice, comme s'est effondré l'empire colonial de l'Espagne, ainsi, sans nos missionnaires catholiques, nous ne fussions jamais allés au Tonkin, ni à Madagascar, ni en Chine. — J'en sais qui me diront que c'eût été de grands maux épargnés à la France, et qu'effectivement mieux eût valu que nous fussions restés chez nous. — Je l'ai moi-même ainsi pensé, tant que je n'ai considéré que les sacrifices d'hommes et d'argent que nous ont valu nos entreprises coloniales. Je le penserais encore si je n'envisageais que les intérêts immédiats, mais au fond secondaires, de notre patrie. Mais qu'il y ait perte ou profit, la colonisation m'apparaît aujourd'hui d'une nécessité inéluctable — conforme aux destinées de l'Humanité.

Quant aux moyens employés, tant que nous ne serons pas capables de nous civiliser nous-mêmes pacifiquement, humainement ; tant que les lois et les mœurs seront impuissantes à conjurer chez nous le meurtre, ce pillage hypocrite : l'escroquerie ; tant que nous continuerons à nous exploiter sans pitié les uns les autres, et que nous subirons, en les payant à cet effet, le joug de plusieurs cultes, nous ne pourrons que persister à civiliser les autres par le fer, le rapt, la servitude, l'injustice, la superstition. D'autant qu'il n'est nullement prouvé que par le sentiment et la raison on puisse arriver aux mêmes fins. — Pour traiter l'homme en homme, encore faut-il qu'il en ait au moins acquis les caractères principaux, et c'est ce qu'on ne peut attendre que du temps chez les races inférieures. Mais de toutes façons l'œuvre ne peut être interrompue ; et, pour la poursuivre, puisque les hommes justes s'obstinent à rester tranquillement chez eux, les missionnaires et les soldats momentanément nous sont des auxiliaires indispensables, autant par le mal que par le bien qu'ils font. — Demandez plutôt à nos ministres, à nos consuls en Orient, qui, sans les agissements des missionnaires, n'auraient plus rien à faire, et à qui il ne resterait plus qu'à rentrer en France, où ils encombreraient de leur talent la mère-patrie, déjà trop encombrée de capacités sans emploi. C'est ainsi qu'étroitement unis par des intérêts communs, consulats athées et missions chrétiennes s'entendent le mieux du monde, pour la plus grande gloire, disent-ils avec un accord parfait, de la patrie commune. La vérité est que ce sont forces perdues pour la révolution, et que si la patrie en souffre, le progrès universel y gagne. — Ce qui n'empêche que font œuvre saine et féconde ceux qui signalent de semblables anomalies, et qui dénoncent certains procédés de civilisation que l'humanité réprouve, et que la nécessité ne justifie pas toujours. Il y a là un frein salutaire en même temps que semence de bien pour l'avenir.

Un mot en passant sur l'Alliance franco-russe. Beaucoup n'y voient qu'une garantie de la paix européenne, qui n'était pas sérieusement menacée, un contrepoids à la triple Alliance. — Il y a cela, mais aussi autre chose. L'Empire aristocratique russe est venu à la République française comme un gentilhomme en mal d'argent s'unit à la roture — par nécessité, sans amour. La démocratie française a ouvert ses bras au tzar, au fond flattée d'être l'amie du plus puissant prince de la terre. Et comme il est de règle en pareille occurrence nous avons fait tous les frais de l'alliance : un jour ou l'autre nous y perdrons nos milliards. Mais comme aussi ce n'est pas impunément qu'on déroge, les vrais fruits de l'Alliance franco-russe, c'est à plus ou moins courte échéance la *démocratisation* de la Russie. — Ainsi les événements se déroulent pour des fins presque toujours autres que celles qu'on a espérées ou prévues, et le Progrès, qui se joue de nos desseins, fait son œuvre.

Il n'est pas jusqu'à la *Bête rouge* dont les fureurs sanguinaires ne soient, en l'état de décomposition où la puissance musulmane est tombée, une condition de l'affranchissement de la Turquie pour la mettre en harmonie avec les autres peuples de l'Europe. — Et je ne ferai pas ici à la Providence l'injure de croire que c'est elle qui dirige les événements. Sa toute puissance eût choisi des voies plus humaines pour atteindre le but, ou l'on nous a par trop surfait sa réputation de justice et de bonté. — Mais aux forces occultes qui conduisent le monde, les fins sont tout, les moyens — ce qu'ils peuvent. Du moment que la société contient des forces de mal, il faut qu'elles donnent leurs fruits; et c'est de ces fruits empoisonnés, quand ils ont fait leurs ravages, que périt l'arbre qui les a portés.

Autrement à quoi bon se confiner dans l'idée de patrie, comme si l'on pouvait arrêter le cours des choses ! Nous avons eu le clan, la tribu, la province, nous avons la patrie, nous aurons l'Europe fédérée, nous aurons l'Humanité. Mais il fallait que se constituât l'idée de patrie, pour que du choc des patries adverses se fît sentir le besoin de la fusion. — Certes tant que le sentiment patriotique prévaudra chez les nations voisines, il est bon, il est nécessaire qu'il y ait chez nous des hommes qui tiennent haut et ferme le drapeau de notre patrie ; mais il ne l'est pas moins qu'il s'en trouve qui voient plus haut et plus loin pour préparer les esprits à cueillir la moisson quand elle sera mûre. — Ainsi toujours se font jour les idées nécessaires au présent et à l'avenir.

Pour nous résumer d'un mot, d'un mot vivement discuté, mais dont le succès ne fait peut-être que commencer, ce n'est pas seulement la Révolution française qui constitue un tout indissoluble, un BLOC, c'est toute l'histoire de l'Humanité, où nous voyons, partout et toujours, sur le fumier du *mal* — dans les conditions où il se produit ne laissant pas d'être bienfaisant après avoir été nécessaire — germer et fleurir un peu plus de *bien*.

L'humanité dans son ensemble a toujours eu et partout les besoins, les aspirations, les idées, les sentiments qu'il fallait qu'elle eût pour sa conservation comme pour son évolution. Grâce à l'empire des idées sur les sentiments, à mesure que l'esprit humain se rapprochera de la vérité psychologique, de la vérité morale et par elles de la vérité sociologique, avec des mentalités nouvelles se constitueront de tout autres manières de sentir ; et la machine humaine sauvée par la science de toutes les causes externes de mal, enfin débarrassée de toutes les tares ancestrales et fonctionnant normalement, se trouvera en même temps délivrée du mal physique et du mal moral, sans lesquels à l'origine nul progrès ne se fût accompli. — Imaginez, selon les légendes anciennes, les premiers hommes parfaitement heureux dans une sorte de paradis terrestre, l'humanité eût pu continuer d'être parfaitement heureuse, mais elle ne fût jamais sortie d'une béatitude purement animale, sans sciences, sans arts, sans littérature, sans cités. — Si au contraire nous envisageons les origines purement animales de l'homme, si nous le considérons portant en lui tous les instincts de la faune ancestrale, si nous le suivons dans sa lente évolution, il est impossible de découvrir un grand fait historique qui par le bien comme par le mal n'ait eu une répercussion heureuse sur le Progrès universel,

Ainsi les moyens du Progrès naissent d'eux-mêmes de la force des choses pour une fin que l'humanité commence seulement à percevoir. Et toutes les cités qui ont périclité ou disparu devaient porter en elles des germes de décomposition, pour que, le moment venu, cet état de décomposition facilitât, rendît possible l'œuvre d'absorption des envahisseurs, tantôt plus, tantôt moins que les vaincus avancés en civilisation. — C'est ainsi que sans la division des Etats de la Grèce, celle-ci n'eût pu être pénétrée par la Macédoine ; Alexandre n'eût pas fait la conquête de l'Asie, et Alexandrie eût manqué au commerce et à la gloire du monde. Il a fallu la décadence de Tyr et toutes les cruautés de son roi Pygmalion pour que Didon vînt fonder la puissante Carthage, comme il a fallu plus tard Carthage pourrie par ses richesses, les Grecs dégénérés, la Gaule divisée pour que pût se constituer l'Empire romain et fleurir le siècle d'Auguste. Et ce qui marque bien la marche ascendante de l'humanité, c'est que de chaque pénétration, de chaque conquête il est sorti un progrès pour le peuple — vainqueur ou vaincu — le moins civilisé, comme dans le mélange des races il y a toujours surélévation de la race inférieure. Enfin de nos jours, c'est parce que la Chine s'est immobilisée dans son antique civilisation que la race blanche est en voie de prendre sur la race jaune, sans trop de sang versé, la prépondérance qui lui revient à titre de race supérieure. Moins déchue, la Chine eût pu nous tenir ses murailles à jamais fermées ; or il faut aux destinées du genre humain qu'aucun peuple ne reste à l'écart de la grande famille humaine. Et pour cette fin se produisent d'elles-mêmes les conditions nécessaires. L'homme n'en a été jusqu'ici que l'instrument inconscient ; et telle est la force du Progrès qu'il s'est accompli non par sa volonté mais contre elle. Quand l'homme saura où il va, quand il mettra à favoriser le progrès toute la force qu'il met à l'enrayer, il n'est plus de limites à la rapidité de l'évolution.

Une étude rationnelle de l'histoire partirait des faits contemporains ; puis à mesure qu'elle remonterait dans le passé, par la comparaison des états successifs du monde elle signalerait de siècle en siècle les progrès accomplis ; et à tout effet recherchant les causes immédiates ou lointaines, elle montrerait comme dans une chaîne ininterrompue les faits s'engendrant les uns des autres, à la fois effets et causes, nécessaires en tant qu'effets, et en tant que causes nécessaires à l'évolution. — C'est ainsi qu'il apparaîtrait que si le progrès a maintes fois subi dans le cours des siècles des éclipses plus ou moins profondes sur telles ou telles parties du globe, ces éclipses ont été nécessaires en tant qu'effets, et nécessaires en tant que causes ou moyens de progrès prochains ou lointains ; et pénétrant le caractère, le tempérament des nations, les conditions de la vie universelle, on verrait que *les guerres intestines, l'invasion et la conquête ont été dans le passé, ne laissent pas d'être encore dans le présent des facteurs nécessaires à l'évolution.* — Mais aussi nous voyons de plus en plus nettement se dessiner à l'horizon le grand facteur de demain : *l'élément pacifique secondé par la science émancipatrice.* — Les idées, les mœurs, les aspirations, les conditions de la vie universelle progressent sans cesse ; les haines de peuple à peuple s'éteignent chaque jour davantage, et l'on ne fait pas revivre les choses mortes, si bien que pour leur continuité les cités du présent et celles de l'avenir auront de moins en moins à redouter de la main des hommes, et de plus en plus n'attendront leur fin que des œuvres de la nature.

L'humanité ayant évolué jusqu'à nos jours

dans l'ignorance des lois qui président à son évolution, cette évolution a été lente, et il n'en pouvait être autrement. Je me demande même si cette ignorance n'était pas nécessaire, en tant que la connaissance ne pouvait devenir universelle. — Un peuple dont la mentalité se fût élevée jusqu'à la connaissance de ces lois, eût présenté un tel contraste avec les autres peuples qu'il n'eût pas manqué d'être étouffé par eux, telle une plante à germination trop prompte dépérit par suite des conditions atmosphériques qui lui sont contraires. Or l'atmosphère des peuples, c'est l'esprit qui de l'un souffle à l'autre ; et des trop grandes discordances s'engendre la tempête. C'est pourquoi ç'a toujours été le destin des nations qui ont marché trop vite dans la voie du progrès intellectuel d'être arrêtées dans leur mouvement ascensionnel par les peuples à mentalité inférieure. — La feuille des arbres pousse à son temps comme la fleur au sien, et le fruit mûrit à l'heure fixée par la nature. — Il devait ainsi se produire dans la vie de l'humanité des mentalités successives correspondant aux nécessités du moment, pour que le fruit arrivât à sa pleine maturité au sein de l'humanité consciente, à l'heure où la science l'aurait mise en possession des moyens matériels de réaliser pleinement sa destinée. — L'esclavage a disparu aussitôt que les conditions de la vie économique l'ont permis, comme disparaîtra au moment opportun ce qui reste encore parmi nous de l'antique servage, comme auront leur fin, quand elle sera rendue possible, la mendicité, la misère, la prostitution, la concurrence, et toutes les autres plaies de la société au premier rang desquelles il faut placer la guerre, avec les causes qui ne les engendrent pas seulement, mais les font nécessaires, nécessaires à la conservation, nécessaires à l'évolution, comme enfin disparaîtra le salariat lui-même pour faire place au travail librement consenti dans la cité anarchique.

Ce n'est pas que le mal soit nécessairement une condition du bien ou du mieux ; mais, tant que les hommes qui forment l'opinion seront entre eux divisés, tant que disposant de toutes les forces gouvernementales ils se feront en majorité les défenseurs de l'esprit de privilège et de réaction, ce n'est qu'au prix de plus de souffrances que la minorité intellectuelle se constituera l'armée nécessaire à l'affranchissement et au progrès. Mais que cette minorité devienne majorité, le problème change de face ; et c'est à mesure que l'humanité en sa marche s'éclairera davantage de la vérité morale et de la vérité sociologique qu'au prix de moins de mal se pourra réaliser plus de bien par le mieux.

Dans une société tout se tient, tout se noue, tout s'enchaîne : les idées, les mœurs, les institutions. Les unes ne peuvent avancer sur les autres, sans provoquer un recul. Tel le grand mouvement de 89 dont l'esprit était en avant sur les mœurs. Ainsi l'on a beau réprouver l'intolérance de l'Église dans le passé, l'intolérance étant l'essence même de toute religion, pour avoir l'une il fallait subir l'autre. Or, en raison de l'état des esprits et des mœurs, la plus saine morale n'eût pu prévaloir contre le sentiment religieux encore prédominant chez une partie notable des peuples civilisés. Mais à mesure que l'esprit humain s'émancipera, les mœurs se modifieront, d'autres institutions se grefferont sur cet esprit, ces mœurs nouvelles ; de plus en plus on apprendra à se passer des pratiques du culte, et la superstition morte, la foi éteinte, la science éclairant l'humanité dans sa marche, se pourra faire une plus large tolérance dans les idées pour la conquête des vérités nouvelles. Par un effet de choc en retour les institutions agissont sur les mœurs, les mœurs sur les idées ; mais en dehors d'une marche parallèle il y a toujours conflit ou réaction. — Autrement on a beau comprimer la raison, on ne la saurait étouffer ; et c'est aux jours les plus sombres qu'on l'a vue souvent projeter ses feux les plus éclatants. Mais la raison, comme tout ce qui touche à l'homme, est loin d'être immuable. Ainsi que la science, elle progresse sans cesse. Notre raison n'est pas celle de la Grèce et de Rome ; et dans la suite des générations il y aura sans doute des raisons successives où la nôtre ne se reconnaîtra pas, mais qui répondront chacune aux besoins nouveaux créés par des civilisations nouvelles. Et pour le triomphe de la nôtre auprès de la multitude inaccessible aux raisons de haute spéculation, c'est précisément les armes criminelles dont l'Église s'est servie pour asservir et s'affermir dans un temps où son rôle utilitaire ne me paraît pas contestable, ce sont ses atteintes à la raison la plus vulgaire qui se retournent aujourd'hui contre elle ; elle en porte aux flancs fixés les traits empoisonnés, et c'est d'elles qu'elle meurt, qu'elle agonise.

C'est ainsi qu'à l'esprit qui cherche à embrasser tout l'horizon des choses, à les envisager dans leur ensemble — causes et effets — il apparaît que l'humanité a évolué comme elle pouvait, comme elle devait. Et pour cette fin des génies en herbe ont bien pu être fauchés par la mort, d'autres avant d'avoir donné leur mesure, en très petit nombre, je crois ; mais il n'en est point qui vivants n'aient eu raison des obstacles — autant par le concours des circonstances que par leur propre volonté — qui se sont opposés un temps à l'essor de leurs facultés pour le progrès humain. — Quel est l'homme qui ayant conscience de pouvoir apporter un concours, si faible qu'il soit, au progrès social, se sent libre de le lui refuser ? Bien plus, ses ennemis les plus acharnés, par la passion aveugle qu'ils mettent à l'enrayer, se font ses plus précieux auxiliaires.

A ne considérer au contraire la marche des événements que dans l'étroit horizon d'un peuple et durant le cours d'une vie humaine, dans l'impatience où nous sommes de voir se réaliser un peu de ce bonheur auquel il semble que nous ayons droit — toujours assaillis des mêmes tourments, des mêmes soucis, des mêmes inquiétudes, nous sommes portés à nous demander si le progrès est bien réel, si même il est désirable, puisqu'à chaque étape de notre existence, à mesure qu'un mal disparaît, il en surgit un autre non moins cruel. — Dans cet état d'esprit nous sommes injustes à l'égard du passé et du présent. Les maux qui nous atteignent sont des maux nécessaires à la préparation de l'avenir, comme dans le passé l'ont été ceux de nos ancêtres pour édifier le présent. Et si nous portons nos regards vers ce passé, dont l'histoire nous épouvante, et d'autant plus que davantage nous remontons aux premiers âges de l'humanité, nous voyons qu'à aucune époque la vie dans son ensemble n'a été meilleure tant pour les privilégiés que pour le plus grand nombre. — Nos maux en effet ne sont pas aujourd'hui plus grands qu'ils ne l'étaient hier, mais nous les sentons plus vivement, et nous nous y résignons moins, et d'autant moins que nous percevons mieux la possibilité d'en sortir. Or cette sensation plus vive, ce défaut de résignation sont nécessaires pour nous conduire à l'effort qui doit nous en sauver.

C'est ainsi que pour se faire une idée très nette du progrès de l'humanité, et justifier aux yeux de l'Histoire toutes les horreurs, toutes les calamités du passé, il convient de prendre l'homme à son point de départ.

Nudité, cannibalisme, bestialité, inceste, fétichisme, esclavage, tels sont les principaux caractères que l'on retrouve chez l'homme primitif, sous presque toutes les latitudes ; et pour ceux qui ont le respect du passé, il y a là de quoi justifier amplement toutes les horreurs du présent. — Avec un tel bagage dans son berceau, quand on considère que la meilleure éducation, les milieux les moins défavorables sont souvent insuffisants à faire de l'homme contemporain un homme de bien, loin de s'étonner que le progrès espéré, attendu, soit si lent à venir, on serait plutôt tenté d'être surpris que quelques mille ans d'une civilisation plus apparente que réelle, et sans cesse entravée en sa marche par les éléments barbares qui sont venus s'y fondre, la faisant sur divers points reculer de plusieurs siècles — aient suffi pour nous faire, si imparfaits que nous soyons, les hommes que nous sommes. — Le miracle eût été précisément que l'humanité, dans les conditions où elle est née, où elle a vécu, ait marché plus vite. Et le miracle ne s'est pas produit.

A l'origine le mal était partout. Si l'homme fût né pour le mal, au lieu de la souffrance il y eût trouvé la félicité, et il y fût resté plongé sans retour, tels le tigre et le chacal. Et si la race des tigres et des chacals vit en paix, c'est que la guerre n'importait pas à leur destin. — C'est de l'excès du mal qu'est sorti pour l'homme le premier bien, et toute l'histoire de l'humanité se réduit à la conquête du bien toujours par le mal. Le mal est en plein dans la nature primitive de l'homme, et puisqu'il en sort, qu'il aspire toujours plus à en sortir, c'est que le mal n'est pas dans sa destinée. La lutte du bien et du mal n'est en somme que dans la lutte de ses facultés contre ses instincts. Ses instincts, c'est ce qui tend sans cesse à le ramener à sa primitive nature ; ses facultés, les forces internes qui le poussent à poursuivre sa destinée, qui ne sera en voie d'être remplie que lorsque la victoire de ses facultés sur ses instincts sera un fait pleinement accompli. Ce miracle s'accomplira par le triomphe de la Science et de la Raison sur l'esprit d'ignorance et de superstition. — Mais étant donné ce qu'ont été dans le passé, ce que sont encore dans le présent l'ignorance et la méchanceté humaines, à l'origine des sociétés comme à chaque étape du Progrès, les conditions de la vie sociale n'ont pas laissé d'être ce qu'elles devaient être ; et l'on peut dire qu'il n'a pas cessé de régner sur la terre le minimum de mal possible — pour que l'homme progressivement devînt meilleur et les sociétés mieux faites.

A mesure que l'homme établit mieux sa conquête sur le mal, c'est au prix de moins de souffrances qu'il acquiert plus de bonheur. Tout retour offensif du mal a besoin pour être vaincu d'une recrudescence de souffrance ; et quand un commencement de bien sera partout, c'est l'insuffisance de bien qui fera faire à l'homme l'effort nécessaire pour atteindre à un bien supérieur. Il est dans la nature de l'homme de n'être jamais pleinement satisfait. La pleine satisfaction serait le signal d'une déchéance certaine. Il faut à l'homme des désirs, des aspirations toujours nouvelles ; mais quand ces désirs, ces aspirations sont sains et légitimes, ils sont source de bien et non de mal ; et c'est cette appétence à toujours plus de bonheur qui le sauvera dans l'avenir de l'inaction décevante et mortelle, comme elle a été dans le passé, comme elle est dans le présent, le stimulant nécessaire à la marche de l'évolution. — En fin de compte *la souffrance et l'aspiration au mieux sont les deux agents fondamentaux du Progrès ; l'instrument — le génie humain dans toutes ses manifestations : religion, législation, morale, guerre, politique, sciences, littérature, arts, industrie, commerce, inventions.*

Mais à tout progrès toujours il a fallu, il faut toujours des victimes expiatoires. Et pour n'examiner qu'un fait encore d'actualité : l'affaire Dreyfus, qui a tant passionné l'opinion dans tout le monde civilisé comme en France, s'est produite à point nommé pour porter chez nous aux institutions militaristes un coup dont elles ne se relèveront pas. Il la fallait encore et surtout, dans toutes ses péripéties tour à tour écœurantes et poignantes, pour arrêter en plein essor la puissance du *Gésu* qui, grâce à la complicité consciente ou inconsciente d'un homme néfaste — s'il pouvait y avoir des hommes néfastes au Progrès : celui-là comme tant d'autres l'a servi, s'il a cru l'enrayer — avait réussi à peupler de ses créatures nos États-majors, comme à mettre en leurs mains nos plus hauts commandements. Et puisque pour l'œuvre à faire il fallait une victime intéressante, en allant la cueillir en pleine sécurité, en plein bonheur parmi la caste bourgeoise, capitaliste et militariste qu'il s'agit précisément d'abattre, dans la personne d'un de ces individualistes irréductibles, parce qu'ils ont réussi, les forces qui conduisent le monde n'en pouvaient choisir une moins intéressante ; et peut-être pour le but à atteindre n'en fallait-il point d'autre ! — C'est qu'il y a deux façons de mériter l'expiation : l'une au regard de la *Loi de solidarité dans les êtres*, par l'excès de prospérité ou l'excellence de ses facultés ; l'autre au regard de la *Loi morale dans les choses*, par ses iniquités ou ses forfaits. — Mais pour une telle œuvre, c'eût été trop peu d'une seule victime intéressante. La conscience publique avait besoin d'être relevée, soulagée de tant de hontes par une de ces consciences individuelles dont l'éclat efface toutes les souillures des autres : parmi tant de noms glorieux le colonel Picquart fut celle-là. Et comme si, par le châtiment des coupables et la réhabilitation des victimes — solution qui eût été banale et sans portée sociale — le souvenir des iniquités commises eût pu s'effacer trop tôt, pour les réparations futures Dreyfus reste légalement condamné, Picquart a sa carrière brisée, et nous avons au Sénat : Mercier. — Enfin les épreuves de l'officier Dreyfus, de toute cette famille comblée des biens de la fortune, comme aussi des dons de l'esprit, et d'aucuns disent : du cœur, et qui semblait pouvoir défier les coups du destin, il les fallait pour un enseignement plus humain et

plus haut : faire éclater aux regards de qui-
conque a des yeux pour voir — la persis-
tance du lien social et moral qui nous unit
les uns aux autres dans le présent et jusque
dans le passé et dans l'avenir ; la fragilité
du bonheur individuel, tant qu'il n'est pas
sanctionné par le bonheur collectif ; l'inef-
ficacité même de la vertu pour nous sauver
des pires catastrophes, tant que s'agitent
autour de nous le mal et les méchants. Et
quand on considère que toutes les forces de
conservation et de réaction se sont coalisées
dans l'Affaire pour — élever au pouvoir un
socialiste et aboutir à l'expulsion des con-
gréganistes, comment douter que les forces
occultes travaillent aussi pour nous ! —
L'affaire Dreyfus dont toutes les phases ont
été nécessaires — nécessaires en elles-mêmes
en ce qu'elles sont nées des intérêts mis en
cause et des passions soulevées, et nécessaires pour les effets à produire, les enseigne-
ments à tirer — constitue une des leçons
de morale les plus parlantes que nous ait
données l'Histoire.

Ayant ainsi évoqué le souvenir de l'Affaire,
comment passerais-je sous silence le glorieux
artisan de la Revision, l'immortel auteur de
J'accuse, dont la brusque disparition vient
de si profondément remuer tous les cœurs

— amis de la Justice et de la Vérité. De tous les points de l'horizon lui sont parvenus, dans la vie et dans la mort, tant et tant d'hommages spontanés et désintéressés que les miens n'ajouteraient rien à sa gloire. Je ne veux retenir de la vie et de la mort d'Emile Zola que ce qu'elles apportent à la justification de ma thèse : le génie se développant *impersonnellement* et produisant, en dépit des obstacles et en raison des circonstances, par la vie et par la mort, son maximum de rendement pour le Progrès humain. Ce maximum, Emile Zola l'a atteint par sa mort qui a réveillé à la Justice bien des cœurs qui s'assoupissaient. Il en avait déjà franchi les premiers sommets le jour où de son esprit sagace il eut pénétré, sondé le mystère de l'iniquité : tout son organisme en fut ébranlé, et à l'instant même où le sacrifice semblait consommé, et la victime irrémédiablement perdue, partit du cœur de Zola, monta à son cerveau et sortit de sa plume le formidable cri de *J'accuse*. — Telle chassée par la poudre enflammée la mitraille s'échapperait de la bouche d'un canon oublié pour aller porter le désordre et la consternation dans les rangs d'ennemis perfides, en pleine joie du triomphe. — Mais c'eût été peu que de ressentir la secousse et de jeter le cri. D'autres l'ont ressentie qui ne pouvant rien se sont tus. Il fallait, pour accomplir l'œuvre de justice, pour oser la tenter, un homme chargé de gloire, un homme qui eût le sentiment de sa force et dont le nom seul valût une armée ; et le monde n'en possédait point deux : le cri qui devait être lancé le fut par le seul homme en possession de cette gloire, de cette force et de ce nom. Et il ne se pouvait que celui-là restât muet, quand il fallait qu'il parlât.

Ravi au culte de ses amis et de ses admirateurs, à l'heure où se déroulait son admirable poème de *Vérité*, et où sur sa tête il avait accumulé le plus de haine et le plus d'amour, en pleine santé, en pleine force, par cette même mort soudaine dont, en ses nuits d'insomnie, la vision horrible, avouait-il, le hantait, il laisse à peine ébauchée l'œuvre de *Justice*. Mais sa fin prématurée et tragique, par les fortes émotions soulevées, les grands espoirs déçus, les amitiés inconsolables, les dévouements obscurs, a inspiré les plus nobles et les plus touchants accents que jamais mort d'homme ait fait naître. Recueillis par des mains pieuses ils constitueront le plus beau des livres, monument — plus que la pierre ou le marbre — impérissable élevé à sa mémoire. Ils resteront pour la postérité une page toujours vivante de l'âme mondiale au seuil du xx° siècle. Ainsi l'Humanité n'y aura rien perdu ; la Justice mieux que s'il eût vécu sera vengée, et sa gloire en sortira merveilleusement agrandie. Et ce sera justice. — Un homme a beau n'avoir rien fait pour être juste : le culte dont l'entourent, dans la vie et dans la mort, les amis de la Justice, et c'est elle qu'en lui l'on honore, lui est une juste compensation de la haine que lui vouent les séides de l'iniquité. Mais dans la Cité future, quand auront cessé d'être par les méchants persécutés les justes, il n'y aura plus aucune gloire à être juste : il n'y aura que du bonheur. — Ce que nous appelons la *Justice* n'est que l'équilibre des forces sociales dans l'ordre et l'harmonie, et nul plus que Zola n'a travaillé à cet équilibre. Aussi bien, tant que cet ordre et cette harmonie n'auront pas trouvé leur définitive assise dans l'équivalence des fonctions, il y aura de par le monde plus ou moins d'injustice, mais point de justice. Et tant que les hommes ne seront pas les uns par les autres tous heureux, nul ne pourra jouir ensemble de la gloire et du bonheur.

Pourtant en dépit des leçons de l'Histoire, en dépit des sanctions éclatantes

qu'aux lois de la Solidarité incessamment
violées, partout méconnues, viennent donner
les événements quotidiens, il se trouve encore
nombre de gens qui ne vivant que pour eux-
mêmes fort peu s'inquiètent de l'humanité
d'aujourd'hui, oh ! mais pas du tout de l'humanité de demain. Ceux-là comprennent
déjà mal qu'on s'intéresse à la première,
mais à la seconde, ça les confond : ils n'y
croient pas, comme si préparer l'avenir
n'était pas aussi bien servir le présent, et
vice versa. — Mais au fait comment le com-
prendraient-ils, lorsque ceux même qui ont
le plus au cœur le bien de l'humanité d'aujourd'hui ou de demain seraient souvent
bien embarrassés de dire d'où leur vient cet
intérêt, si ce n'est qu'ils l'ont trouvé en eux
et qu'ils ne l'y ont point mis. — C'est ainsi
que très sincèrement les grands novateurs
dans le passé ont bien pu se croire inspirés
de Dieu. Et il était bon qu'ils eussent cette
croyance pour animer leur foi et la mieux
faire passer dans les âmes superstitieuses
qui sans cela ne les eussent pas suivis. —
On a d'ailleurs beau se passionner pour l'humanité vivante, s'abîmer dans la préparation
d'un avenir qu'on ne verra pas, sacrifier
pour lui jusqu'à sa vie même, s'imaginer
enfin qu'à le faire on obéit à la voix de la

conscience, quand ce n'est qu'un ressort généreux qui nous pousse, on ne laisse pas de vivre pour soi dans le présent, à sa façon — pour le plaisir intime, le désir de connaître, la joie du sacrifice — pour la réputation, pour la gloire — pour l'honneur — pour l'argent.

Mais comment expliquer que la Nature ait mis en certains hommes cette vision d'un meilleur avenir, ce besoin impérieux de penser et d'agir pour lui, en dehors même de tout avantage présent et souvent au prix des plus cruels mécomptes, s'il n'était pas dans la destinée de l'Humanité de le réaliser ? — Et nous voyons quant à nous dans ce fait, de ce qu'on a appelé la preuve par l'ab-surde la pleine justification.

Ce don de vision, cet esprit de sacrifice, de tout temps il s'est trouvé des hommes qui les ont eus. Ils ont été les flambeaux qui ont guidé l'Humanité dans sa marche. — A mesure que la science aplanit les difficultés, supprime les obstacles, cette lueur d'abord obscure devient soleil. Un plus grand nombre d'esprits s'en trouvent illuminés. Déjà nous sentons que par la force de la vitesse acquise le mouvement se précipite : nous assistons à l'aube ; nos neveux nageront dans la lumière.

On ne peut pas n'être pas frappé de ce fait, c'est que le mal commis, qu'il émane d'un individu ou d'une collectivité, est toujours expié : c'est la *Justice immanente*, sans que la marche normale du Progrès en soit jamais interrompue. Des nations, des races périclitent ou disparaissent, mais le mouvement ascendant de l'Humanité est constant; et dans ce mouvement ascendant, pour le précipiter comme pour l'enrayer, chacun y joue son rôle *impersonnellement*. — C'est qu'il y a dans la vie des peuples, comme dans la mer, de ces remous qui font que tantôt émerge le bien, tantôt le mal. Du dedans et du dehors, tantôt dans le calme, tantôt dans la tempête, il se produit une action incessante qui ne tient compte ni des désirs individuels ni des résistances, et qui, par le bien comme par le mal, fait que l'Humanité avance, avance sans cesse vers le port enchanté où nous tendons de toutes nos aspirations à la vie heureuse. — Tant que les hommes ont vécu dans l'ignorance du monde sidéral, tant que la conception de la vie heureuse leur a paru irréalisable sur la terre, il est naturel qu'ils en aient placé le siège dans le ciel ou aux enfers, ou qu'ils aient cru à son existence dans un passé lointain, au temps où ils n'avaient pas encore songé à se proclamer immortels. D'où ces belles légendes de l'Age d'or et du règne de Saturne, celle d'Adam et d'Eve, et tant d'aûtres qui ont si longtemps défrayé l'imagination des poètes. Et ces derniers, en vérité, comment croiraient-ils que pût périr cette parcelle de divinité qu'ils croient en eux ! C'est ainsi qu'au siècle dernier nous avons vu l'un des nôtres, parmi les plus grands — peut-être bien pour s'être regardé lui-même avec trop de complaisance — dire de l'homme *« qu'il est un dieu tombé qui se souvient des cieux. »* — Ah ! ces poètes, ce n'est pas trop de tout l'enchantement qu'ils nous donnent pour racheter le tort qu'ils ont fait à la raison humaine : à toute raison sérieuse on trouve toujours à opposer — un argument de poète.

Mais tandis que les flots seront toujours battus des vents et soumis à la tourmente, quand l'Humanité — grâce aux tempêtes qui par les guerres, les pestes, les épidémies la nettoient et la purifient ; grâce aux orages qui éclatent sans cesse dans son sein au contact de l'opulence et de la misère et l'éclairent sur ses véritables intérêts — sera parvenue à se fondre en un tout harmonieux, et en dépit des apparences elle y tend sans cesse, les hommes, les uns par les autres, se préserveront de toutes les tempêtes et de tous les orages. Alors la collectivité assurant à tous ses membres les moyens de jouir dans la paix et la sécurité des trésors de la nature et de l'art, multipliés, agrandis par un labeur approprié aux aptitudes comme aux besoins d'activité de chacun, l'homme, au milieu des charmes d'une vie tour à tour active ou contemplative, attendra sans peur la mort dans le lent anéantissement de ses facultés — tel un vaisseau miraculeusement échappé à la mitraille, après avoir longtemps promené par des mers toujours calmes, sous des cieux toujours sereins, son glorieux pavillon, viendrait, sa carène usée, finir sa course en son port, au sein même des eaux qui l'auraient lancé.

LAVAL. — IMPRIMERIE PARISIENNE, L. BARNÉOUD & Cⁱᵉ.